JN029072

マネジメントシステムに魂を入れる

公益財団法人 日本適合性認定協会 編
飯塚悦功 著

日科技連

まえがき

～JAB30周年に寄せて～

いまから30年前の1993年11月1日，公益財団法人日本適合性認定協会(JAB)が設立されました(当時の法人名は財団法人日本品質システム審査登録認定協会)．7年前の2016年6月，私はそのJABの理事長に就任しました．ところが，お引き受けするときには何とも説明のつきにくい居心地の悪さを感じました．私は，JAB創立の契機ともなったISO 9000シリーズ規格を審議するISO/TC 176にも，それらの規格を基準とする品質マネジメントシステム(QMS)認証制度にも深く関わってきましたので，決して不自然な人事というわけでもないはずです．

それでも私は何とも言えない違和感を覚えてしまいました．というのは，私にとっての「三つ子の魂」である日本的品質管理，TQC，TQMは，ISO 9001が提示する品質マネジメントシステムのモデルとはずいぶんと距離感があるからです．ISO 9001を基準とするQMS認証制度の国家的有効活用の視点に立てば，単に認証を取得し維持することだけを目的にするのではなく，認証プロセスを通じてわが国の経済社会において優れた強い組織になってほしいと願うのですが，その思いを肩透かしでいなされたような経験をすることがしばしばあったからです．

いまJABは，マネジメントシステム認証機関の認定のみならず，検査機関，試験所・校正機関，臨床検査室などの認定もその事業範囲に含め，さまざまな分野における適合性評価の価値と信頼性向上に尽くしております．創立して30年，JABはこのように適合性評価活動を手広く展開してきましたが，その原点はISO 9001に基づくQMS認証の認定にあるとの思いを捨てきれません．品質以外のマネジメントシステム認証組織はもちろん，検査機関，試験所・校正機関，臨床検査室などにおいても，その組織運営における基盤として，ISO

9001を参考としつつこれを遥かに超えるマネジメントシステムを構築してほしいと思うのです．品質の意味を製品・サービスに限定せずに組織運営の質と拡大解釈して，品質のためのマネジメントシステムのモデルを参考にすれば，どのような事業であろうとも真っ当な組織運営ができるだろうと夢想しました．

そんな思いから，JABの理事長という立場にはありますが，適合性評価という狭い範囲にとらわれることなく，この社会に存在し活動する組織に望まれる組織マネジメントのあり方について，私の原点である「品質マネジメント」について綴ってみようと思いました．

実を申しますと，私はJABの理事長になって間もなく週1回のメルマガを始めました．タイトルは「アキラメの心」です．「アキラメ」とは「あるがままを受け入れること(accept as is)」と思っています．「諦める」というのは「明らめる」に通じ，「思い切る．仕方がないと断念したり，悪い状態を受け入れたりする」という意味になるそうです．結果的には断念するのですが，道理を明らめて断念する，つまり理路整然と断念するわけで「悟る」とほぼ同義になるわけです．

こんなことを考えながら，実に7年以上にわたって書き綴ってきました．さまざまな話題を取り上げましたが，そのなかに品質マネジメントや組織の運営に関する拙文も多く含まれています．これを利用して，品質マネジメントを中心に，その哲学や基本的方法論を整理してみようと思いました．JABで飽きずに毎週発行してきメルマガに込めた「品質マネジメントのこころ」を綴ってみた書籍，それが本書です．

本書は5章構成としています．第1章はいわば序論で，品質マネジメントの意義や組織運営における位置づけなどについて綴りました．第2章は「品質に関する正義」と題して品質に関わる基本的考え方，思想，哲学について語ってみました．第3章は「マネジメントの原理」と題して，管理・マネジメントの意味，その原理・原則をまとめてみました．第4章は，組織文化に関わる話題を取り上げました．そして第5章では，これらの基本的考え方や方法論を組織運営のためのマネジメントシステムにどう実装するかという視点で組織運営の仕組み・方法論について記してみました.

本書の執筆は，実はJAB専務理事の森内譲さんに勧められてその気になったことがきっかけです．JAB創立30周年事業の一環として3冊の書籍の出版を企画したのですが，そのうちの1冊として現代の経営者・管理者のためにマネジメントシステムというものが備えるべき基本を書いてほしいと依頼され，お引き受けしました．機会を与えていただいただけでなく，拙文をお読みいただき貴重なコメントをくださりました．出版にあたっては日科技連出版社の編集の鈴木兄宏さんには大変お世話になりました．短期間で丁寧な校正・編集をしていただきお礼の申し上げようもありません．また，日科技連出版社の戸羽節文社長には温かい激励をいただき，こんな書は価値がないのではないかもしれないとの思いを払拭してくださいました．御礼申し上げます.

本書が，経営者・管理者に対しては，品質マネジメントの基本思想や方法論が，直面するさまざまな課題の解決の糸口になりうることに気づいていただき，また適合性評価に関わる方々にも品質マネジメントに内蔵されている知識を学び取り「気づきを与える」審査に活用していただければ，まさに望外の喜びです.

2023年9月

公益財団法人日本適合性認定協会理事長
東京大学名誉教授
飯　塚　悦　功

マネジメントシステムに魂(たましい)を入れる
目　　次

第1章
品質マネジメントに学ぶ

1.1　マネジメントシステムに魂を入れる

JAB の社会的使命の再認識

JAB はマネジメントシステム認証制度における認定という社会機能を担い，認証機関の評価をしています．でも，そこで認証されていくマネジメントシステムは大したレベルではありません．取引先にとって，あるいは社会に存在してしかるべき組織が実装し運営していくべきマネジメントシステムの必要最小限の基準への適合性を評価する制度だからです．

それでも，認証される組織には，厳しい事業環境のなかで経営を続けつつ，顧客・社会に受け入れられる組織になりたい，もっと利益を上げたい，社会的名声を得たいとの思いがあるに違いありません．しかし，それを実現するために，マネジメントシステム認証制度を活用しようと考える組織はあまり多くはありません．強い組織，儲かる組織，尊敬される組織になることとマネジメントシステム認証制度の間には相当な距離があるのです．認証基準が必要最小限・最低限のマネジメントシステムモデルだからです．でも，そのフレームワークはマネジメントシステムの基盤として使えます．ここに魂(たましい)を入れることはできないだろうかと思いました．

JAB はわが国の適合性評価制度においてさまざまな領域での認定を行っています．品質以外のマネジメントシステム認証組織はもちろん，検査機関，試験所，臨床検査室などにおいても，その組織運営における基盤として，品質のためのマネジメントシステムのモデルを参考にして，真っ当な組織運営ができるだろうと夢想しました．

品質マネジメント＝一般化目的達成学

そうであるなら，私の本籍であり三つ子の魂である「品質マネジメント」を使ってやろうと思いました．理由はいくつかあります．

第一は，品質マネジメントの解説を通して，私なりの「マネジメント論」を展開したいと考えたからです．品質管理というと，品質を達成するための工学的方法論と思われるかもしれませんが，決してそんな範囲にはとどまりません．品質概念とは目的志向の思想にほかなりません．マネジメントとは目的を効率的に達成するためのすべての活動です．すると，品質マネジメントとは，まともな目的を設定しその目的を合理的に達成するための方法論の体系といえることになり，「一般化目的達成学」と言い換えてもよいかもしれないのです．このことを伝えたいと思いました．

第二は，適合性評価において多かれ少なかれ精通しているべき「マネジメント」あるいは「マネジメントシステム」について，その基本となる品質マネジメントの全貌を，適合性評価に関わる方々に伝えておきたいと考えたからです．マネジメントシステムの適合性評価は，直接的に組織のマネジメントに関する基礎知識を要求されます．製品認証においても，基準に適合する製品を供給する能力という点で，マネジメントシステムの評価が重要な要素になっています．検査機関，試験所・校正機関，臨床検査の認定についても技術的側面に加えて，それらの技術を活かすマネジメントについて理解していなければなりません．すべての領域の認証・認定において，マネジメントシステムについての理解が必要と考えました．

第三は，品質マネジメントを通して，私自身がこの50年の間に得た，生きるうえで有用な知見の数々を伝えたいと考えたからです．これは年寄りの戯言（ざれごと）といえなくもないのですが，私自身は，品質マネジメントを通して，自身が成長したと思いますので，その一端を伝えたいと考えました．

1.2　品質マネジメントに学ぶ

人と組織を賢くする品質マネジメント

私はいつのころからか，品質マネジメントの思想と方法論をマスターすると，人も組織も賢くなると信じるようになりました．

「賢い」とか「頭が良い」とは，どういうことだと思いますか．私はこのことを，正月に新年のご挨拶とか言いつつ，しこたま飲み食いに来る卒業生との議論を通じて何となくわかってきたように思います．頭が良いとは，①目的がわかる，②因果関係を考える，③本質を把握できる，④学習能力が高い，などの程度をいうと考えてよいと思います．

卒業生との議論では，最初に記憶力が話題になりましたが，これは即座に否定しました．年をとっていく者には面白くないし，記憶力が良いこと自体が賢いなんて考えたくもありません．次に，③の本質把握，雑然としたことから本質を見極める力，訳のわからぬ話を鮮やかに理解する能力などが話題になりました．でも，確かに頭が良いことに違いはないでしょうが，これも面白くありません．ほぼ遺伝で決まってしまうに違いないからです．そこからは延々と，訓練で向上できる能力，努力で何とかなる能力について，酔っぱらいの議論が続きました．

そして「“努力できる”ということ自体が，頭が良いということにほかならない」となって，「なぜ努力できるか」についての議論が続きました．努力できるのは，①目的がわかっているから，②目的達成への手段がわかっているから，となって，それが①目的志向，②因果関係・目的手段関係考察へとつながりました．

また，こうした議論のなかで，①～③の総合力のような気もするが，頭の良い人は，経験に学ぶ，さまざまな機会を捉えて教訓を獲得する，常に自己の成長を図る，というような意味で④の学習能力が高いということになりました．

この話のオチは，これらの４つの側面は品質マネジメントによって醸成されるということにあります．

品質の考え方で最も重要なのは，品質の良し悪しは顧客が決めるということです．提供側の価値基準では決まらないということです．これはコトの良し悪しが外的基準で判断されるということで，目的志向にほかなりません．これが頭の良さの①につながります．

品質マネジメントでは，何かあると「なぜ？」と聞きます．問題が起きれば原因を問題にします．ごく自然に「何でこんなことになるんだ？」と自問します．あるお題を出されれば，どのようにしてそれを実現しようかと実現手段・達成方法を考えます．これが頭の良さの②を鍛えます．

品質マネジメントでは，深い原因分析，水平展開，共通要因とかいって，物事の本質を理解し，その教訓を広く適用しようとします．遺伝的形質の影響が大きいとは思いますが，こうした思考の推奨が頭の良さの③に少しは貢献するでしょう．

品質マネジメントでは改善を強調します．PDCA を回せといいます．コトが一段落すると深い分析に基づく反省・振り返りをせよといいます．広い再発防止・未然防止を心掛けよともいいます．これは頭の良さの④を鍛えることになるでしょう．

品質マネジメントをマジメに続けるうちに，こうした思考・行動を長いこと繰り返すことになり，人も組織も賢くなるのではないでしょうか．

まあ，本当に賢い人にとってみれば，傍らの赤ん坊がギャーと泣いても，何か得るところがあるに違いありませんので，品質マネジメントに限らず，あらゆる思想・方法論は人を賢くすることは確かです．でも 50 年ほど付き合ってきてみると，品質マネジメントというのは，なかなか味わい深いものです．その深遠なる考え方や方法論をご紹介していこうかな，と思っています．

品質管理は工学的方法論にとどまらない

「品質管理」というと，技術的な方法論であって，品質特性を確保するための工学的方法論と思う方が多いでしょうが，私の受け止め方は異なります．検査とか，クレーム処理とか，品質監査とか，品質コストとか，昔ながらの方法論を否定するものではありませんが，そのような狭い視野で「品質」というものを捉えてほしくないと心から願ってます．

私は，これまで経営管理層に，品質経営，あるいは経営における品質の意義，はたまた現代の成熟経済社会における品質経営のあり方のお話をすることがあったのですが，比較的大きな会社の品質保証や品質管理の部長クラスの人のなかには，「この話は品質管理の話ではない．経営の話だ」と受け止める方がいらして，こちらが口をあんぐりということもありました．

これから私が綴ることに対して，そのように反応される方もいらっしゃると思います．それもまた現代日本の現実なのだと達観し，めげることなく，どのような方法論も聞き手・学び手の度量によって，如何様(いかよう)にでも適用範囲を拡大し活用できるのだと信じて綴ることにします．

経営における品質

組織は，その活動の主たるアウトプットとしての製品・サービスを通して顧客に価値を提供し，それによってしかるべき対価を得て，そこから得られる利益を再投資して価値提供の再生産サイクルを維持しているものと考えられます．この「持続的顧客価値提供」という考え方こそが，社会的存在として意味のある組織が，長期的・安定的に存続しようとするときの基本的考え方となるものと信じます．

この考え方を是とするなら，とにかく製品・サービスが顧客に受け入れられるようなものでなければ何も始まりません．しかも，短期的にではなく長期的に幅広い顧客に満足を与え続けなければなりません．したがって，価格や提供タイミングを含めて製品・サービスの品質が経営において重要なのは当然のこととなります．ここでいう「品質」とは，まさに顧客に受け入れられるという意味であり，これこそが品質管理における基本思想の「顧客志向」という哲学です．

経営に対するマイナスの影響の視点から，経営における品質の重要性を論ずることもできます．「品質ロス」という考え方です．品質ロスは「内部ロス」

と「外部ロス」に，また「目に見えるロス」と「目に見えないロス」に分けられます．目に見える外部ロスの典型は，顧客の苦情・クレームに関わる損失です．目に見える内部ロスの典型は，不良，不適合に関わる損失です．

品質に関わるロスで留意すべきは「目に見えないロス」です．目に見えない内部ロスとしては，例えば失敗の手直しによる機会損失があります．これは，品質に起因する問題の処置に貴重な人的リソースが浪費され将来に向けた活動が十分にできなくなるという損失です．目に見えない外部ロスの典型は売上の減少です．顧客から苦情・クレームが来るうちはまだよいといえます．高価でない製品・サービスでは，顧客は不満があれば黙って去っていくだけで，大した苦情もないのに売上が徐々に減っていくという点でも品質は重要です．

品質の根源性

品質を経営の中核に位置づける根拠は，品質の根源性にあります．顧客に提供する製品・サービスの品質に限定してみても，狭義の品質は原価，納期・量，安全，環境などあらゆる製品・サービスの特性に影響を与えます．一見すると原価や納期の問題に見えますが，多くの場合その根本原因は品質にあります．品質が達成できないから原価上昇につながり，品質目標を達成するために手戻りが生じ納期遅れとなるのです．

これから繰り返し述べる品質の深遠なる意味が理解できれば，品質管理の方法論を用いることによって，経営，組織運営におけるあらゆる質的問題をその管理対象とすることができます．

さらに，品質は原価，納期など他の管理対象と比較すると，概念として遥(はる)かに根源的です．狭義の品質が原価，納期などと矛盾するとき，品質を重視することは品質の根源性ゆえに大きな過ちには結びつきません．長期的かつ広い視野に立つ場合，この品質を重視するという行動原理は多くの場合ますます正しいといえます．

私は，何人かの経営者の方から「飯塚さん，品質って面白いんですよ．私がもっと儲けろ，もっとたくさんつくれ，もっと生産性を上げろ，もっと安くしろなんて言うと，そんなことをしたら……，と望ましくない副作用についていろいろ言ってきます．でも質を上げろ，仕事の質を上げろと言っても，それほどの反論は上がって来ないんですよ」と言われたことがあります．品質，質の意味にもよりますが，品質というのは，組織的改善・改革を推進する際の「プラットホーム」，「求心力」となりうる経営アプローチなのです．

品質のための管理

品質を達成するためには，いわゆる管理・マネジメントが必要です．その基本は「システム志向」です．システム(プロセス，リソース)を管理の対象にするという行動原理は，結果を生み出す要因系に焦点を当てるという意味であり，これは効果的・効率的な管理のための普遍的な原理です．

“quality management”という概念と方法論の深化・拡大の過程で，これが“management for quality(品質のためのマネジメント)”または“quality of management(マネジメントの質)”のどちらを意味するかという議論が起きました．例えば「経営品質」という言い方をしたときには，経営の質を意味しています．私は“management for quality”と考える立場をとっています．すなわち，マネジメントの質，経営の質，管理の質，組織の質についてではなく，品質の良い製品・サービスを提供するためのマネジメントはいかにあるべきかを考察することだと考えています．

組織は，顧客に価値を提供するために設立され活動してます．その価値は，製品・サービスに内包され，製品・サービスを通して顧客に提供されます．その製品・サービスの質のためには，それを生み出すシステムに焦点を当て，品質のためのマネジメントシステムについて考察することが本質的です．こうした考察の末に導かれるマネジメントシステムモデルは，理の当然として，総合的・包括的なものとなります．結果として，組織のブランド価値，業績の向上につながるでしょう．「品質のためのマネジメント」とは，「顧客価値提供のための総合的な管理」を意味することにほかなりません．

1.3 品質管理の系譜

いま私たちが品質マネジメント，品質経営，TQMと呼んでいる経営アプローチの系譜を理解するには，第二次世界大戦後から解きほぐすのが論理的といえるでしょう．でも，それよりも1980年代初頭のTQCブームから話を始めるのがわかりやすいかもしれません．

品質立国日本

1980年のこと，アメリカの三大テレビネットワークの一つNBCで"If Japan can ..., why can't we?"という番組が放映されました*．番組の主題は，工業製品において世界に冠たる品質と生産性を誇り奇跡的な経済発展を遂げた日本の成功の理由を分析し，「日本にできてなぜアメリカにできないのか」と訴えるものでした．それから10年余り過ぎ，バブル崩壊後，経済構造・産業構造の変革に手間取る日本，そして一方では自信を取り戻したアメリカを考えると隔世の感があったことを思い出します．

でも確かに歴史的事実として，日本は1980年代に品質立国日本，ものづくり大国日本，ジャパン・アズ・ナンバーワンなどともてはやされ，品質を武器に工業製品の競争力を確保して世界の経済大国にのし上がったことは間違いありません．

実は，品質を武器にした競争力強化は1970年代に始まります．あまり指摘されていませんが，1970年代に，鉄鋼において大型の高炉，連続鋳造，コンピュータ制御を武器にアメリカの鉄鋼産業に致命的な打撃を与えました．妥当な価格の高品質の自動車用鋼板の製造技術が武器でした．そして，1980年代には，低燃費，高信頼性，高品位によってアメリカの自動車産業に本格参入しました．さらには，家電製品，半導体でも，圧倒的な高品質，高信頼性，合理

＊2023年8月現在，Deming InstituteのYouTubeチャンネルで閲覧できる．
https://www.youtube.com/watch?v=vcG_Pmt_Ny4

的な価格によって，世界の市場を席巻しました．ついには，日米経済戦争などといわれる経済摩擦を起こすに至ります．こうした経済・産業活動を支えたもの，それは日本的経営と日本的品質管理であったといえます．

TQC

日本の品質管理の思想・方法論は長いこと TQC(Total Quality Control：総合的品質管理)と呼ばれていました．その TQC の何たるかをひとことで表現するのは簡単ではありません．その発展の過程において確立されてきたさまざまな概念，思想，哲学があり，先人の血と汗と涙の結晶ともいえる優れた技法・手法があるからです．しかし，枝葉末節を取り払ってしまえば，TQC は「品質を中核とした，全員参加による改善を重視する経営管理の一つのアプローチ」と表現できる，と私は語ってきました．

TQC の特徴は 3 つのキーワード，「品質」，「全員参加」，「改善」に凝縮されます．組織は顧客にその組織のアウトプットである製品・サービスを提供することによって存続できます．TQC には，そのアウトプットの品質を経営の中核に置くべきであるという哲学があります．そして，アウトプットの品質を確かなものとするには，それを生み出すプロセスの質を上げなければならないと教えています．

TQC はまた，組織のアウトプットの品質を達成するために，組織を構成する全員による参画が効果的・効率的であることを証明してきました．品質を確保するためには，固有技術とその技術を活かすマネジメントの双方において高いレベルが要求されます．TQC は，いついかなるときも不十分なこれらの技術およびマネジメントを改善するよう推奨し，そのための豊富な道具も提供してきました．TQC は古典的な経営論にあきたらなかった経営者を惹きつけました．それは古典的経営論にはなかった新しい考え方や方法論が，競争力のある企業の基盤を構築するうえで有効で魅力的だったからです．

収入の基礎となる組織のアウトプットの品質を中核に置くことは，言われてみれば当然のことです．組織のアウトプットの品質を確保するための活動は，それを生み出す仕事の質の向上をめざす活動につながり，結局は組織の質そのものを向上させる活動となります．さらに，全員参加の思想に基づく経営は，管理する人／される人，多数の考えない人の存在という構造から，全員が目的達成のために努力するという極めて効率的な組織運営への変化をもたらします．

改善を重視するという方法論もまた魅力的でした．これは，プロセス，システムを定義してそのとおりに実施させるという欧米の管理スタイルにはないものであり，したがって古典的経営論の教科書には書かれていません．一部の優れた人が構築した枠組みで多数の人が働く構造ではなく，全員が今より高いところをめざし，不十分でもとにかく動き始めるという独特の経営管理哲学をもっているのです．各部門の個別の改善の寄せ集めがいつの間にか総合的な品質管理システム，経営管理システムの構築につながっていく推進方法も斬新でした．しかも，改善が決して単なる精神論ではなく，科学的問題解決法，統計的データ解析法，言語データ解析法などの確かな科学的方法に裏付けられていました．

TQCは日本的品質管理の代名詞のようにいわれていましたが，最初にこの用語を使ったのは，アメリカのA. V. ファイゲンバウムです．彼は，それまで品質部門の仕事であったQC(Quality Control：品質管理)を，会社の全部門の品質スタッフの仕事にしてシステム化すべきであると主張し，その新しい概念をTQCと名づけました．

この魅力的な用語を知った日本の品質管理界は，見事な(誤解に基づく)拡大解釈をしました．3つの意味で“Total(総合的)”な品質管理にしたのです[1)]．第一にファイゲンバウムの主張と同じく「全部門の参画」，第二に経営トップから第一線の作業者・事務員までにわたる「全階層の参加」，そして第三に品質中心という原則を堅持しつつも，品質だけでなくコスト，量・納期，安全など「あらゆる経営目標」を品質管理の対象としたのです．

TQCの発展

日本の近代的品質管理は第二次世界大戦後に始まりました．先生はアメリカです．工業製品の品質の管理に科学的な管理法を適用することから学びました．間もなく，その科学性に管理における人間的側面を加え，10 年余のうちに日本的な品質管理を確立していきます．

品質管理は，1970 年代に至る二十数年の間に，日本の工業の発展とともに，いや工業の発展を支える管理技術として大きな進化を遂げました．それは，1950 年代の製造業の製造部門における製造工程での製品品質の管理から，生産準備，設計・開発，企画などの上流工程へ，生産技術，設計，営業，事務などの部門へ，製品品質だけでなくコスト，量・納期，安全なども管理の対象にする，というように拡大してきました．TQC を適用する業種も建設，電力，サービス，ソフトウェアなどの非製造業へと広がっていきました．

1980 年代半ばまで TQC はわが国の製造業を中心に高い評価を受けてきました．時代の要請に合致していたからです．日本は 1960 年ごろからの四半世紀にわたって高度経済成長を謳歌します．このときの成長は「工業製品の大衆化」，すなわち良質な工業製品が妥当な価格で提供されることによる経済の活性化によるものでした．

そのような経営環境では，品質管理の能力が優れていることが成功の秘訣になります．顧客の要求に応える製品を企画・設計し，仕様どおりの製品を安定して実現する能力をもつことによって，良質安価な工業製品が生まれるからです．品質管理をマジメにやれば，顧客のニーズの構造を知り，ニーズを実現するために必要な技術根拠を熟知し，必要な機能，性能，信頼性，安全性，操作性などを考慮した合理的な製品設計をし，品質，コスト，生産性を考慮した工程設計をし，安定した製造工程を実現し，顧客ニーズに適合する製品を提供し続ける経営システムを構築し運用できます．

顧客が満足する品質の良い製品を合理的なコストで生み出すことができれば，安定した利益を確保できます．品質管理の基本的考え方と方法論を適用することが，工業製品の提供で成功する秘訣だったのです．品質の重要性を認識し，これを経営の中心に置いたこと，これが品質立国日本を成立させた理由といえます．

TQCは，そのためのさまざまな概念と方法論を提供してきました．顧客あるいは品質という概念，さらには経営における品質の重要性を理解し行動することは容易ではありません．TQCは，アタマではわかってもカラダで理解することが難しい品質管理を有効に機能させるために，理論と実践の両面からさまざまな表現，方法論，手法を通じてその核心を語ってきました．しかもこれを信じた組織の成功ということで有効性を実証してみせました．

管理とは，単なる監視でも統制でもありません．TQCは，組織における管理の概念や有効な方法論を，PDCAサイクル，プロセス管理，事実に基づく管理，重点志向，源流管理，未然防止などによって提示し，その有効性を実証してきました．また，TQCは，全員参加による改善の重要性を説き，その有効性を遺憾なく実証しました．これらは管理論における思想革命でした．QCサークル活動(第一線の職場で働く人々が継続的に製品・サービス，仕事などの質の管理・改善を行う小グループ)はこの思想革命を具現化する場でした．

TQCは，品質や管理に関わる思想だけでなく，これらの思想を具現化するための具体的手法をも備えていました．単なる思想，概念，理論だけでは，実践において有効ではありません．いわゆるQC手法の開発と適用例の提示によって，製品・サービス，プロセス，システムの改善を現実のものとしました．

組織における経営管理体制の改善・改革にはトップのリーダーシップが必須です．TQCは，高度な思想をトップの主導のもとに全員で具現化する方法であり，経営トップ層を巻き込む活動でした．これもまた，TQCが現実に適用され有効に機能する一つの理由となりました．

これらを要約すると，TQCの強み(アイデンティティ)は，「品質概念の普及・啓発」と「管理の大衆化」にあったといえます．全社で品質中心経営を遂行していくには，高度な思想や方法論が必要です．これらをわかりやすく実施可能な形で提供し大衆化に寄与したのがTQCでした．それが経済成長・市場拡大期に必要となる企業経営における価値観・方法論と合致し，その結果として多大な寄与をしました．

そして1990年代半ば，バブル経済が崩壊し，世は成熟経済社会期に入っていることが明確になります．そのころから品質管理はTQM(Total Quality Management)と呼ばれるようになります．

1.4 TQMの全体像

1995年ごろから，TQCをTQM(Total Quality Management：総合的品質管理，総合質経営)と呼ぶ企業が増えてきました．TQC界においても，経営環境の変化の中で，これまでのTQCをその中核として継承しつつ，新たな品質管理のモデルとしてのTQMの再構築が図られました．

私自身がその動きに巻き込まれました．というか，その数年前からTQCは時代の要請に応じて変わっていくべきと声を上げていましたので，そんなに言うならやってみろと目を付けられたというほうが正確かもしれません．「TQM委員会」なるものが組織され，その委員長に指名されました．30年近く前のことで，40代半ばの若い仲間が主でした．

TQMの全体像

TQM委員会が，TQCを発展的に再構築しようというコンセプトで提案したTQMの全体像(TQM委員会編著：『TQM―21世紀の総合「質」経営』，日科技連出版社，1998年)は以下のようなものでした．

- TQMがめざすものは「企業目的の達成への貢献」である．それは「存在感」のある組織の実現，組織の使命の達成，適正利益の継続的確保であり，すなわち，顧客・従業員・社会・取引先・株主との良好な関係・満足度の向上である．
- これら組織目的の達成には，顧客の視点，質の追究という経営哲学に基づく顧客満足の高い製品・サービスの提供が基礎として必要であり，それを現実のものとするのが「組織能力(技術力・対応力・活力)」の向上である．
- こうした組織能力は，全社の組織を効果的・効率的に運営する体系的活動によって現実のものとなる．すなわち，「経営トップのリーダーシップ，ビジョン・戦略」のもと，「TQMの考え方・価値観」と「科学的手法」を適用することにより，主要経営基盤としての「ひと」と「情報・知識」という経営リソースを重視し，管理・改善・革新の考え方を具現化する適切な「経営管理システム」のもとで「品質保証システム」と「経営要素管理システム」の合理的な運営によって実現される．

案の定，批判名人から多くのコメントが寄せられました．大きく変化させすぎたせいかもしれません．しかし，数年もすると，何事もなかったかのように私たちが提案したのと同じ趣旨の考え方が浸透していきました．

TQMの構成要素

TQMの全体像に加えて，TQMがどのような要素から構成されているかを表現するため，以下のように，基本的考え方，マネジメントシステム，手法，運用技術の4つに整理して説明しました．

基本的考え方

- 品質，マネジメント，人間尊重

マネジメントシステム

- 経営トップのリーダーシップ，ビジョン・戦略
- 経営管理システム：経営管理システムの運営，日常管理，方針管理
- 品質保証システム：品質保証体系，品質保証システム要素，ISO 9000との融合
- 経営要素管理システム：経営要素管理の運営，量・納期管理，原価管理，環境マネジメント，安全・衛生・労働環境管理など
- リソースマネジメント：ひと，情報・知識・技術，設備などの質のマネジメント

手　法

- 科学的問題解決法(QCストーリー), 課題達成手法
- QC七つ道具(Q7), 統計的手法, 新QC七つ道具(N7)
- 商品企画七つ道具(P7), 戦略的方針管理七つ道具(S7)
- QFD, FMEA, FTA, DR
- その他の経営管理手法(OR, VE/VA, IE手法, モデリング手法など)の活用

運用技術

- 導入・推進の方法論：標準的ステップ, 体制・組織, 教育・指導, 評価・診断
- 組織・人の活性化：個人・部門のレベルアップ・活性化のための諸活動, 企業の表彰制度(デミング賞, 経営品質賞など)
- 相互啓発, 情報獲得：全国的推進体制, 相互啓発・情報交換の場, ベンチマーキング

日本において, 主に工業界が戦後30年ほどでその骨格を形成し, その後も経営の中核に位置づけているTQMと称される品質管理の全貌は, 製品の検査やクレーム処理といった狭い範囲にとどまらず, 組織を構成する人々の能力開発, 意欲向上までをも視野に入れる総合的な経営ツールに進化していました.

上記の, TQMの4つの主な構成要素について, 少し説明しておきます.

① 基本的考え方

TQMには, TQMの名のもとで実施されるさまざまな活動の指針としての哲学・思想・価値観があります. これらTQMの基本的考え方について, 本書の**第2章**, **第3章**で概観します.

② マネジメントシステム

組織の力向上のために, 組織を効果的・効率的に運営する体系的な活動において, TQMはその基本的考え方を具現化するマネジメントシステム・経営リソースの管理の方法論を有しています. TQCが提案し経営一般に普及した方

針管理，日常管理を中心に，品質のためのマネジメントシステムのモデルがあります．これについても**第5章**で触れることにします．

③　**手　法**

TQMの実践において，主に問題解決・課題達成において，さまざまな手法を活用します．TQM独自の手法もありますが，大半は既存の手法をTQMの目的達成の道具としてどう使うかについての試行錯誤のうちに，適用法も含めて洗練させてきたものです．

④　**運用技術**

TQMは，製品・サービスの品質向上を核にした組織的経営改善のツールとして有効です．こうした経営科学の方法論であるためには，TQMを“使いこなす”ための技術が必要です．TQMにはこうした運用技術も備わっています．

第2章
品質に関する正義

2.1 品質中心経営──なぜ品質が中心なのですか

TQMは,「基本的考え方」,「マネジメントシステム」,「手法」,「運用技術」からなる,品質を中核とする膨大なマネジメントの方法論であると述べました.その TQM の全貌のうち「基本的考え方」について説明します.その始めは「品質」に関わる考え方,品質に関わる“正義”についてです.

ここでいう正義とは,正しい道理,正しい筋道,人として行うべき正しい道義,正しい意義,……というような大それた考えも含みます.戦後アメリカから学び,そこに日本のマネジメントスタイルを溶け込ませ,わずか二十数年で経営における有力な行動原理に仕立て上げた,その思想を,それを学んだ団塊の世代の一人が独自の解釈を加えて説明する品質論です.

品質第一

すでに「経営における品質」で述べたのですが,品質に関する“正義”の第一は,やはり「品質第一」です.すなわち,事業経営において,利益よりも何よりも,品質を経営の中心に置くことです.この考え方は,古典的な経営論においても,現代の経営論においても,容易には受け入れられない考え方かもしれません.それでも私は,その真っ当さを伝えようと躍起になっています.

組織は,その活動の主たるアウトプットとしての製品・サービスを顧客に提供し,それによって対価を得て,そこから得られる利益を再投資して価値提供の再生産サイクルを維持していると考えられます.この製品・サービスの品質を中心とする経営アプローチである品質マネジメントについて本格的に考察するのであれば，まずは製品・サービスが何で，顧客が誰であるかを明らかにしておかなければなりません.

誰に何を提供するのかを明らかにすることが重要だということですが，これは案外難しいことです．通常の工業製品を取り上げてみても，製品とは，実は，物理的実体としての製品を通して顧客に提供される“価値”であり，これが何であるか考察することは，まさに経営の目的を考えることにつながります.

有形の工業製品ではなく無形のサービスの場合に，“製品”は何かと考えてみれば実にさまざまな側面があることに気づくはずです．例えば，レストランを考えてみてください．製品とは，料理だけでなく，食器も，お店も，給仕も含めたすべての総体です.

また，私は10年前まで大学で教鞭をとっていましたが，大学は誰に何を提供していると考えるべきなのでしょうか．私は，社会あるいは親族から，入学してきた学生を有為な人物に鍛え上げてほしいと依頼されていると受け止めるべきであって，大学教育における“製品”は入学時と卒業時の学生の総合的能力の差と考えていました.

「品質」の深遠なる意味

品質とは「ニーズに関わる対象の特徴の全体像」と定義するのがよさそうです．これと同じ趣旨の定義は，ISO 9000シリーズの用語規格の最初の版ISO 8402：1986にあります．品質が考慮の対象についての特性・特徴の全体像を意味していることに異存はないでしょう．この定義のポイントは「ニーズに関わる」の部分です．品質について考慮の対象としたもの，それが製品・サービスであれ，システムであれ，人であれ，プロセスであれ，業務であれ，何であれ，その対象に対するニーズに関する特徴・特性に関心があります.

ニーズとは，誰のニーズでしょうか．第一に考えるべきは，顧客，すなわち提供する製品・サービスの受取手がその製品・サービスに対して抱くニーズです．提供側ではなく価値の受取手が関心を寄せ何らかのニーズを抱くその特性に関する全体像，これが品質の意味です.

このような品質の定義には，実は深遠なる意味が隠されています．それは，品質の良し悪しは「外的基準」で決まるということです．製品・サービスの提供側から見て，その受取手という外部の価値基準によって決まるということです．外的基準で判断するということはすなわち，物事を「目的志向」で考え行動することにほかなりません．製品・サービスの提供にあたって，外的基準に適合するという目的のためにすべての行動がなされるべきであるということが示唆されているのです．自身の勝手な価値観ではなく，目的に照らして自分の活動が妥当かどうか判断するという思考・行動様式が推奨されています．品質管理が，広範囲に適用されてきた理由の一つは，品質がもつこのような基本概念にあるのです．

品質中心経営

組織はそのアウトプットである製品・サービスを顧客に提供し，それによって対価を得ようとするのですから，製品・サービスは，顧客のニーズ・期待に応えるような特性・特徴を有していなければなりません．この意味で，製品・サービスの品質が良いこと，すなわち顧客ニーズに適合することは，経営の目的そのものであり，経営においては製品・サービスの品質を中心に置くべきです．

品質を経営の中核に位置づける根拠は，「品質の根源性」にもあります．品質は製品・サービスのあらゆる特性に影響を与え，品質問題に見えない問題も実は品質に起因することが多いことはすでに言及しました（**1.2 節**を参照）．品質ロス，とくに目に見えないロスは，それが外部ロスであれ，内部ロスであれ，極めて重要です．売上の減少という目に見えない外部ロス，将来への技術的投資のための人的リソースが失敗の手直しにより失われる機会損失という目に見えない内部ロスの重大さは想像に難くない，ということも述べました．

そもそも組織・企業を設立し活動する目的は，顧客に価値を提供するためですし，その目的を達しているかどうかが，品質が良いとか悪いとかと表現されているのですから，製品・サービスに内包され，製品・サービスを通して提供される価値に対する顧客の評価としての品質が経営の中心であるのは理の当然です．

2.2　顧客満足――お客様は神様です !?

なぜ「顧客満足」なのですか？

私は，品質管理を学んだ最初から，品質とは顧客満足(customer satisfaction)，使用適合性(fitness for use)だと教えられました．品質の良し悪しは顧客の評価で決まり，提供する側の評価で決まるものではないというのです．こう説明されて何の疑問も抱きませんでした．こんなことは品質管理の基本，品質論の原点で，私はそれこそ何の疑問もなく「品質とは顧客満足である」と信じてきました．ところが20年ほど前のこと，医療分野への品質管理の適用に関して対談したときに，なぜ「品質＝顧客満足」なのか，なぜ「顧客満足」は正しいのかと聞かれ，答えに窮した経験があります．

対談の相手は，エイズ(HIV)のコーディネーターです．当時は，まだ製薬業界が治療薬の開発に血道を上げているときでした．命に関わる病気で，患者は経済的にも社会的にも弱者が多く，国としても医療提供者との通訳兼ソーシャルワーカーを設けて支援の手を差し伸べていました．その方が，雑誌の対談記事で，私に「なぜ顧客満足なのですか？」と聞くのです．

その方は「顧客とは患者ですね」と確認します．医療における顧客はいろいろ考えられますが，まずは患者と考えてよいでしょう．それを踏まえたうえで，医療には大きな情報傾斜があって，その患者という顧客は医療のことをほとんど知らないけれど，それでも顧客満足は正しいのですかと聞いてくるのです．

ちなみに「情報傾斜」とは，もっている情報に大きな差があるということ，つまり医療について，医療提供側のほうが断然よく知っているということです．医療の素人である患者が，コロコロ気持ちを変えて，ときに大声で勝手なことを言ったりするけれど，どうしてそんな人が満足するようにしなければいけないのかと聞くのです．挙げ句の果てに，患者の中には「苦しい．殺してくれ」と言う人がいるけれど，望みどおりに殺してはいけないのですよね，なんて意地悪なことまで聞いてきます.

「顧客満足」は正義といえるのか?

よく考えてみれば, 情報傾斜があるというのは医療に限りません. 通常の製品・サービスのほとんどは, その品質の良し悪しについて, 提供側のほうが正しく判断できるのではないでしょうか. それでもなお, 顧客を尊重しなければならない理由はどこにあるのでしょうか. 顧客満足, 顧客志向, 顧客重視が“正義”である理由は何でしょうか.

私は最初, プロである医療提供側が患者の真のニーズ・期待・希望を斟酌(しんしゃく)すべきという意味だと受け流そうとしました. プロとして, 顧客が表向き言っていることと心の底で思っていることの違いがわからなければダメだとも言いました. 顧客満足というのは顧客に迎合することではなく, 顧客の言動から「この人はどんなことを望んでいるか」ということを斟酌しなければいけないなんて逃げを打ちました.

その賢い(そして少し意地悪な)エイズのコーディネーターは納得しません. それにしてもなぜ顧客優先なのか, なぜ正しい判断ができないかもしれない顧客の意見を尊重するのか, と素直に食い下がってきます. 私は答えに窮してきました.

こういうときは, 舌鋒鋭い方の頭の中に構築されている論理の鎖を断ち切るしかありません. いきなり両手をパチンと打ってどちらの手から音が出たかと聞いたのです. 場面がガラッと変わって,「何が始まるの?」と驚きます. そこが付け目です.

で, 禅問答を知っていますか, と聞きました.「双手を打ちて隻手の声を聞く」, 両方の手を打って, 片方の手の音を聞くという禅問答があると言いました. 禅問答では公案といいますが, このお題は, 物事はすべて一つでは成立しないとか, ものの見方は多面的だとか, いろいろディベートできるのですよと, まずはこちらのペースに引き戻しました.

そして, こんな禅問答もありますと言って「誰もいない森で木が倒れて音がした．それを音がしたといえるか」という公案を持ち出しました．この問答の意味は，たとえ誰もいなくても，絶対的な存在とか絶対的な真実・事実というのがあるという考え方もあれば，誰かに認知・認識されていなければ無きに等しい，意味がないという考え方もある，つまりは絶対的認識論，相対的認識論についてのお題だと説明しました．

ドラッカーの著書を読んだ方は，微かに覚えていらっしゃるかもしれません．あの原書800ページにも及ぶ*Management*という大部の本の38章だったか，確か「データと情報」という章の冒頭のつかみに使われていました．この章の趣旨は「情報とは意味のあるデータ(事実)」ということです．

取引における正義

そのうえで，その方に「品質とは何でしょう？」と問いかけました．品質とは，製品・サービスなどを通した価値の移動があったとき，その価値の良し悪しについての価値の受取手の評価と考えられます．顧客満足が正義であるという論拠は「取引」にあると言いました．

取引においては価値が移動します．取引は価値の受取側が「ウン」と言わなければ成立しません．だから認めてもらわなければ，そして良いと言ってもらわなければ，話が始まりません．品質とはその価値に対する評価ですから，良し悪しはまずは受取側が決める，これが顧客満足の原理だ，と説明しました．

私自身，こう説明しながらも，受取側がどんなに愚かでも，裸の王様でも，心変わりが激しくても，それでもその評価を尊重しなければいけないというのは，イマイチ納得できないなぁ，なんて密かに思っていました．だって，無知蒙昧に由来する無茶な要望，公序良俗に反するニーズなどに応えるのは，それこそ社会正義とはいえません．

そこまでひどくなくても，ニーズ・期待の表明をコロコロ変える朝令暮改や，矛盾する要望を平気でまくし立てる方もいますので，「顧客満足」の意味を浅薄に捉えてはいけないことは確かです．

「顧客満足」の思想で重要なことは，とにかく受取側がどう思うかということとを先に考えるべきだということです．提供側が現実にどのようなものを提供するかは，また別の問題ではないかと私は考えています．顧客の評価尺度がおかしければ，提供側の見識をもって「そうは言ってもこちらでしょう」と誘導してもよいと思います．

顧客の多様性

製品・サービスを通した価値の提供という図式では，顧客とは，その価値を対価を支払って入手した者ということになります．しかし，一般的には，顧客，すなわちどのような製品・サービスであれば満足するのかを考慮すべき主体は，実に多様です．まず基本的なところで，顧客とは，いわゆる顧客(customer：お金を払って買う人)なのか，それとも使用者(user：実際に使う人)なのかという疑問が生じます．もちろん一致することもありますが，通常は，その両方を考えねばなりません．

例えば，ギフト商品の顧客は誰かという問いは興味深いと思いませんか．少なくともそのギフト商品を購入して贈る人とそれを贈られる人がいて，両方とも顧客と考えるべきです．ギフト商品の品質を考察するときには，贈る人，贈られる人の双方にどのようなニーズがあるか，どのような製品であれば満足するかについて考えなければなりません．贈り主は，あまり高価ではなく贈る人のセンスの良さが現れるものが良いと考えるかもしれません．贈られる人は，自分で買うことはないけれどちょっと興味のある気の利いたものが良いと思うかもしれません．

その他の例として，B to B のケースで，部品・材料を納入する協力会社の顧客は納入先ですが，その納入先の誰が顧客なのかを考えるのは，教訓的な面白い問いかけです．納入先には，いろいろな部門，いろいろな人がいます．例えば，常に5%下げろとしか言わない叩きの購買部門，その部品を使う製造工程でトラブルが起きると困ると考えている生産技術者や生産ラインの管理者，部品の品質が良いと設計の自由度が上がり安心して使えると考えている設計技術者などいろいろ考えられます．

もちろん，そのすべてを顧客と考えるべきなのですが，それぞれのニーズはかなり異なるでしょう．どの顧客のニーズを重視するか，難しくも興味深い話題に違いありません．とにかく，いつでもどこでも，顧客はいろいろ考えることができて，顧客によって提供しなければならない価値は違うかもしれないと考えなければなりません．顧客によってニーズが相当に違い，しかもそれらを同時に満たすことが技術的に難しいなら，品種を増やすという選択肢もありえます．

B to C，つまり普通の市場型商品の場合，顧客は2つの意味で多様といえます．第一は，いわゆるマーケットセグメントの多様性です．ニーズの相違によっていくつかの品種を考える必要があって，それらの顧客タイプごとにニーズが異なるというものです．わかりやすいのは車でしょう．ラグジュアリーカー，エコノミーカー，スポーツカー，SUV，ミニバンなどでは，明らかに顧客層が異なりますし，ニーズが異なります．

第二は，提供する製品・サービスのサプライチェーン，ライフサイクルの各過程に多様な顧客がいるという考え方です．例えば，家電製品を考えてみてください．まずは買ってくれる顧客がいます．ところが街の電気屋の親父さん，修理する人，運ぶ人と，製品に関わるさまざまな場面にさまざまな人がいて，製品に対してさまざまなニーズをもっています．廃棄のことを考えると，社会，自治体，次世代もまた顧客と考えられます．誰がどんな価値を見出し「こっちのほうが良い」と言うかわかっていないと，まともな商品企画，製品設計はできません．

社会的品質

顧客として，購入者，提供者以外の第三者を考えることもできます．製品・サービスがつくられ，使われ，廃棄される際に影響を受ける人々も，顧客と考えて製品・サービスの企画・設計を行わなければならない場合もあるという意味です．

実はこれ，「社会的品質」[2)]という概念です．この考え方は，公害問題が発生した1970年代に一般的になりました．例えば，自動車の排気ガスについて，大気を汚染してもよければ排ガスを気にしなくてもよく，安くて性能の良いエンジンをつくることができて，エンジン性能の点だけでいえば購入者も自動車会社も満足に違いないのですが，社会(地球環境)はそうはいかず，自動車会社は，排ガス規制に適合した製品を提供する義務があります．

1970年代の環境ブームは数年で沈静化しました．しかし，現在では，環境に関する配慮，それを実現できる技術は，まさに競争優位要因といえます．環境に配慮した製品であるかどうかを顧客がきちんと評価する時代になりました．

1990年代の初めごろ，環境配慮設計に対する市場の反応の調査に非常に興味深いものがあると聞きました．他の性質は同じで環境に配慮した製品があるとき，価格がどのくらい高くても買うかという調査です．例えばドイツでは，製品価格が3～5%高くても，約半数の人が環境配慮型製品を買うと答えたそうです．当時の日本で「3～5%高くても買いますか」と聞いても，ほとんど買わないと答えたそうです．環境配慮国家ドイツでは，顧客がそういう製品を評価したということです．現在の日本では，半数以上の人が買うと答えるのではないでしょうか．豊かで社会正義の確立した国であれば，市民はそんな反応を示すことでしょう．すると，そういう製品をつくれること自体が競争優位要因になります．

現在では，こうした意味での社会的品質に大きな関心が寄せられています．その代表例が近年のSDGsに対する関心でしょう．製品・サービスの直接の受取手ではないいろいろな人々が，製品・サービスがどのようなものであるか，どのような価値観をもった会社が提供しているのかということを“見ている”のです．こんなところにも顧客がいるとなると，製品・サービスの企画・設計，そして会社の経営スタンスには深慮が必要です．

後工程はお客様

「顧客」についての話題を続けていますが，品質に関する正義の一つとして「後工程はお客様」[3]を取り上げます．この格言は品質村のくだらない方言に思えるのですが，実は「顧客満足」を組織運営のあり方に結びつけるものとして秀逸で深遠なる考え方です．

顧客に満足を与えるために組織内で働く多くの人がいます．「全員参加」という行動原理に従って「みんなでやろう」となります．でも，これは「誰もやらない」とほとんど同じ意味になってしまいかねません．皆が「私だけはやらなくてもいいだろう」と考えるに違いないからです．

「後工程はお客様」は，組織を構成するすべての人が「私のお客様は誰か．私は，直接，誰にどんな価値を提供しているのか」と考えることを推奨しています．組織全体で外部の顧客に製品・サービスを通して価値を提供しているわけですが，一人ひとりが，そのなかでどのような位置づけにあるかについて考え直してみるとても良いきっかけになります．

ときに組織内の他部門の人は敵になりますが，それを回避できるかもしれません．人は，責任回避のため，自分を守るため，他人を責め，非難することがあります．そうしないと自分が危ないからです．でも，それとは異なる価値観，行動基準を組織に導入したいと思います．

この格言は，人を責めていないで，自分の顧客が誰で，そのお客様が望んでいるものを確実に提供するように考えて行動することを推奨しています．実現は難しいかもしれませんが，そうなったときの組織の強さ・効率を想像してみてください．自律分散システム，ホロニックシステム(Holonic system)というような，ひところ話題になった，生物体に類似の有機的な動きをする組織論に近いようにも思えます．

良い仕事とは何かを原点に返って考え直し，仕事に対する自分の取組み方を変える良い機会になるでしょう．自分の仕事の結果を誰が利用するか，どのような結果を提供すれば，自分の後工程は満足な仕事ができるのか，仕事の価値の提供連鎖を考えてみるべきでしょう．「後工程はお客様」の真意が組織全体の理解を得たとき，組織一丸となって全体のために自分が何をしなければいけないかを認識するような強靱な組織ができあがっていくことになるでしょう．

内部顧客とプロセスオーナー

「後工程はお客様」という格言がアメリカに伝わって 2 つの重要な概念を生むきっかけになりました[4)]. 一つは “internal customer” すなわち「内部顧客」という概念です. “customer” というと第一義的には組織全体にとっての外部の顧客です. ところが, 顧客とは価値を提供する対象であると考えると, 内部にもいるとの再認識です. 外部の顧客につながる途中にある自分の仕事の結果の影響を受ける人々をも顧客と考えて, 内部の顧客に対してもまともな価値を提供すべきという考え方です.

もう一つは, “process owner(プロセスオーナー)” です. お客様に満足を与えるため, オーナーとして自分のプロセスをきちんと運営するということです. アメリカ人は, オーナーシップという概念を日本人が考えているよりずっと大事にしています. 支配・管理されているのでなく, 自分に主体性が認められているという感覚です. この感覚によって, 一人ひとりの役割がはっきりしてくるという現象が起こります. 一人ひとりが組織の最終目的との関連において自己の業務の意義を理解し, その責任を果たしたときに, 組織全体として効率的に目的を達成できるという教えで, 自分の業務に責任と誇りをもち, 自己の業務の品質を保証するという管理の方法論を生み出しました.

「後工程はお客様」という概念, 行動原理から, 一人ひとりが頑張って価値を生み出す連鎖が構成され, 全体が有機的に動き始めるという現象が起こるということです. これは組織内にとどまらず, 実は組織外のサプライチェーンを含めた価値創出ネットワークという概念にまで広げられます. この価値提供のネットワークの構造について考えることが, ある組織体やグループを構成する関係者がどのような役割を果たさなければいけないのかを考察する良い問いかけになります.

「後工程はお客様」とは, 結局, 自分の工程(プロセス)の品質(＝後工程に提供する価値)を明らかにし, 価値提供の妥当な方法を明らかにし, それを実施して満足を与えるという考え方です. 各プロセスの問題という観点からは, 各プロセスがその不十分さの原因追究をし低減を図ることを, すべての人に求める考え方です．現場第一線の業務において，問題がどこにあるかは直接の担当者が最もよく知っています．したがって，直接の業務担当者がその業務の改善を行うのが最も効率的です．品質管理の中心的な考え方である「顧客志向」，「プロセス重視」，「全員参加」，「改善」がこのさりげない表現に凝縮されているといえます．

マーケットイン

品質に関する正義の第一は「顧客満足」という思想・行動原理であるとして，その満足を与えるべき「顧客」は誰なのかについて考察してきました．次は，逆に顧客が満足するものは品質が良いといえるのかという問題について考えてみます．「市場原理は正しいのか」というお題と考えていただいても結構です．

品質の良し悪しは顧客が決めると述べました．それはすなわち，よく売れるものは品質が良いという意味になります．でも，それは本当なのか，という疑問です．前述のエイズのコーディネーターとの対談で，その方が，何もわかっていない患者の期待に応える必要があるのかと疑問をもったのと同じような問題です．そのときは患者の真のニーズを斟酌することが必要ということでしたが，顧客が真に望んでいても，それが公序良俗に反するとき，顧客ニーズに応えてよいとは思えません．これをマーケティングの原則から考えてみます．

顧客は正義なのか，顧客の言うことはすべて正しいのか，という問いかけともいえます．そうではないかもしれないが尊重しなくてはいけない，というのが顧客満足に関する議論での結論です．これが市場原理といわれるもので，取引の本質に照らし，原則としては正しいのですが，いろいろ考慮しなければなりません．

「マーケットイン，プロダクトアウト」というマーケティング分野の専門用語があります．「マーケットイン」というのは，市場が要求するものを提供するという意味，「プロダクトアウト」はできたものを押しつけてしまえという考え方です．当然のことながら，マーケットインのほうを推奨しています．

でも，マーケットインというのは儲けにくいことに注意しなければいけません．市場が要求するものを提供しても儲からないことがありえます．バカ正直に顧客の言うとおりのものをつくっているだけではだめです．例えば，私は，こんな「お人好しマーケットイン」会社を見たことがあります．あるシステムの一部の部品・ユニットを提供していて，それなりに品質が良く，対応も良かったので，「これもつくってくれないか」と自社にとって不得手な技術が必要な製品の提供を打診されました．売上が増えるので引き受けると，大赤字の製品を提供しなければならなくなってしまいました．顧客に望まれても，不得手な分野に手を出してはいけないという意味です．

プロダクトアウトというのは，押しつけには違いありませんが，自分が得意なもの，自分が技術を誇れるものを売ることができるという面があることを忘れてはいけません．

いちばん儲かるのは，自分が得意なものが売れて，それを顧客が喜んでくれることです．顧客ニーズ，そして自分の保有技術を考えて，得意技（わざ）を活かして，顧客ニーズを満たす製品・サービスを探すべきです．だから，プロダクトアウトというより「コンセプトアウト」というべきかもしれません．

顧客が本当に望んでいるのはこういう製品・サービスではないでしょうか．とくに専門メーカーに期待するのは，専門的技術，将来の技術動向を踏まえ，かつ顧客のニーズの動向を踏まえた製品提案です．成熟した経済社会においてはとくに，こういう売り方ができることが望まれます．

2.3　価値の認識——何を評価しているのか

当たり前品質・魅力品質

次に話題にしたいのは「価値の認識」です．品質とは，顧客が認識した価値に対する顧客の評価だと述べましたが，製品・サービスを通して提供される価値を顧客はどう認識するか，すなわち，顧客がどう思い，どう判断するか考えてみたいのです．

製品提供側は，それがどんな製品であるかを認識するとき，例えば，どんな形状で，長さはどのくらい，重さは何キロ，何グラムなどと考えますが，とくに市場型製品の場合には，顧客の側は心理的にどう感じるかで判断していると考えられます．

世の中が成熟し，技術的にも完成度が高くなってくると，製品の物理的性質はほとんど同じになり，感性品質が重要になるというような面もあります．製品に対するこうした認識が広まり，多くの顧客の共感が得られると，それが製品や会社のブランドにつながります．

このような品質の捉え方を最初に指摘したのは，「当たり前品質」，「魅力品質」という概念を提唱した狩野紀昭先生です．

図 2.1 をご覧ください．横軸が物理的充足状況(性能が良いとか悪いとか)，縦軸が顧客の満足感を表しているとします．普通は，物理的性質が良ければ満足を感じ，悪いと不満を感じますが，そうではないものもあります．例えば，品質特性のなかには，良くて当たり前，もしダメなら大きな不満を感じるものがあります．この心理的充足感と，製品・サービスの性質がもたらす物理的充

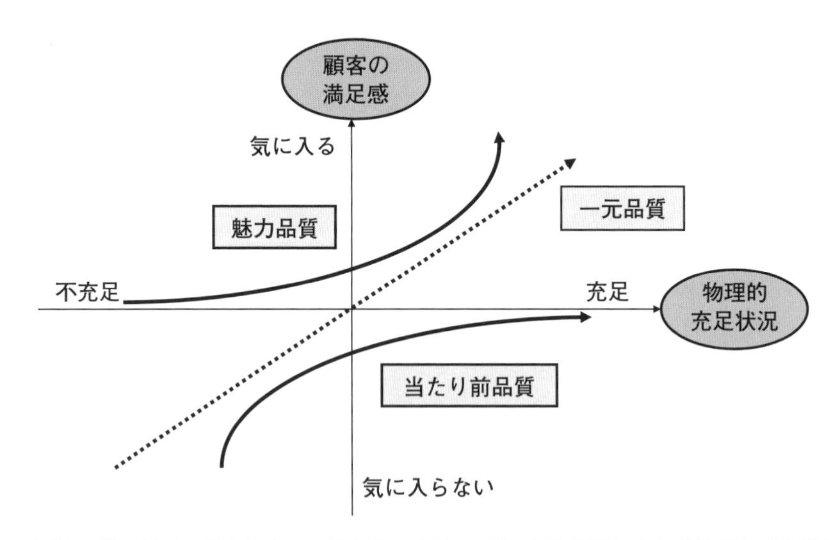

出典)　狩野紀昭・瀬楽信彦・高橋文夫・辻新一：「魅力的品質と当り前品質」，『品質』，Vol.14，No.2，p.41，1984 年を筆者が一部修正．

図 2.1　当たり前品質・魅力品質

足状況の関係の研究から，狩野先生は「当たり前品質・魅力品質」という概念を提唱しました．

「当たり前品質」とは，物理的な性質が満たされていても当たり前で特に心理的な充足感は与えないが，不十分であると不満を感じるような品質特性をいいます．製品・サービスの基本的特性がこの性質をもつと考えられます．例えば，自動車におけるブレーキ故障，エンジン始動トラブルなどです．これに対し，物理的な性能が多少悪くてもそれほど不満を感じず，性能が良いと満足するような品質特性を「魅力品質」といいます．例えば，車を長時間運転したときの疲労感が小さいことなどです．関連して，物理的充足状況と心理的満足感が比例する関係にある品質特性を「一元品質」といいます．例えば，車の走行性能などです．また，心理的満足感が物理的充足に関係しないような品質特性を「無関心品質」といいます．

これらの概念は，製品・サービスの企画において有用となりえます．魅力品質によって売上増に貢献し，当たり前品質はクレーム発生に直接関係すると考えられます．

狩野先生が，こうしたことを1980年代半ばに検討し論文にするにあたって，この概念の妥当性を検証するために題材に取り上げた商品はテレビでした．当時のテレビです．故障しないことは，当たり前品質です．一元品質といえるものは「画像がきれい」とか「音が良い」とかでした．笑ってしまうのは魅力品質の例です．「フェザータッチ」とか「リモコンの有無」だったのです．

フェザータッチってわかりますか．わかる方は，お若くないはずです．まだ衛星放送がないころのVHFの12チャンネルからガチャガチャ回してチャンネル選択するのを，一列に並んだチャンネルの該当する箇所を押すことで，順に回して行かなくても一発で選択できる方式です．今ではリモコンは当たり前だし，フェザータッチなんてありません．それが当時は魅力品質だったのです．

こんなことから，ニーズの成熟，技術の進展によるニーズの充足によって，品質の感じ方が時代の進展とともに変化することが示唆されます．まだ認識が広まっていない新たな機能・性能について，始めのうちは，物理的特性が良くても悪くても心理的にはそれが優れているとか劣っているとかあまり感じないものです．ところが本当に価値あるものだと，一部の先駆的顧客がこれは良いと思うときが来ます．これが魅力品質です．そしてもう少し広まってくると一元的になってきて，普及してしまうと当たり前になってくるという仮説です．

品質を考えるとき，感覚としての心理的特性と物理的特性の関係を考えることが重要ということです．「うちの製品は物理的に優れているから」と言われても，それが「本当に顧客にどう感じていただいているのか，物理的特性と心理的特性との関係を知っていないと，本当に良い製品は企画できない」ということになります．

真の品質特性，代用特性

実は，物理的特性と心理的特性の関係について深く考えるべきということは，近代的品質管理論の初期から指摘されていました．品質論の原点の一つといえるものです．それは「真の品質特性」と「代用特性」というものです．

私が学生のころ，日本における近代的品質管理の父といわれる，あの石川馨先生の授業でその話を聞きました．顧客がいう品質特性と，製品提供側がいう品質特性の差が主題です．新聞社が使うロール紙の強度を例にしての話でした．新聞社は輪転機ですごいスピードで印刷して新聞をつくります．顧客である新聞社は，そのロール紙に対して，高速で印刷しても「破れない紙が欲しい」と要求しました．

これに対してロール紙を納入する製紙会社は，「JIS の○○規格の○○試験法での破断強度が○○ kg/cm 以上だから大丈夫です」と言ったそうです．ここで，石川先生は，破断強度は技術的な特性で「代用特性」に過ぎないと言うのです．「破れない」というのが「真の品質特性」で，これを満たすのが目的で，そのために代用特性についての品質目標を定め管理するものだという話でした．

「代用特性」とは，私たちが設計し実現し検証できる技術上の特性のことです．それに対し「真の品質特性」とは，顧客が認知する，多くは心理的，感覚的な品質特性です．代用特性と真の品質特性という概念を明確に区別し，真の品質特性を実現するために，どのような代用特性をどのレベルにすべきかを考え，これを合理的に指定する行為こそが設計であるというようなことを学びました．

QFD（品質機能展開）

この思考プロセスを解剖し，どのようなロジックで何をすることになるのかを明らかにし，方法論として提案したのが，1970 年ごろに使われ始めた QFD（Quality Function Deployment：品質機能展開）です．QFD は日本で開発された偉大な品質管理手法で，赤尾洋二先生が概念と方法論を体系化しました．

QFD は膨大な手法の体系ですが，最初に作成する「要求品質展開」と「品質表」が重要です．その一般的構造を**図 2.2** に示しておきます．

「要求品質展開」とは，顧客の要求の構造を明らかにするために，何が望まれているか顧客ニーズを木構造（Tree 構造）で展開していくことです．機能・

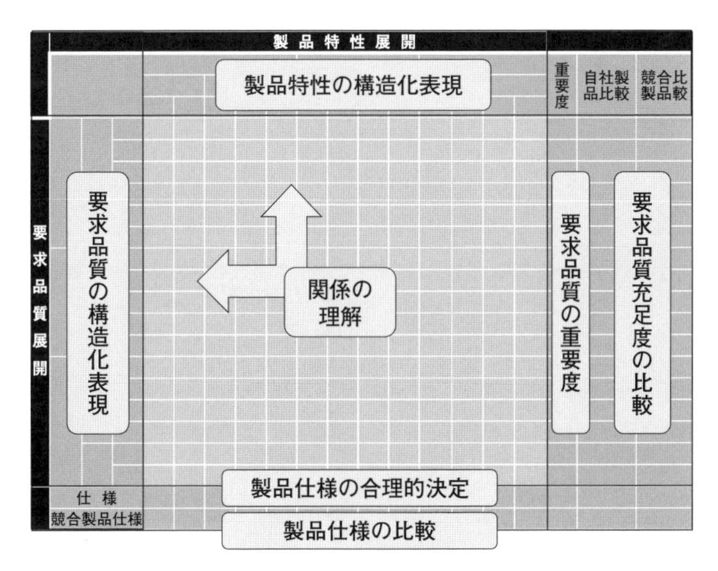

図 2.2　品質機能展開

性能が優れているとか，操作性が良いとか，デザインが良いとか，感じが良いとか，便利な付加機能がついているとか，安全だとか，多少厳しい使用・環境条件でも使えるとか，顧客が要求すると想定されるいろいろな側面について，構造的に可視化します．また，その要求を満たすために設計すべき製品についても，大きさ，形状，重量，出力性能，耐性などを，やはり木構造で展開して，製品特性を構造的に表現します．

そのうえで，要求品質展開と製品特性展開の関係を明確にし，その関係を記した表が「品質表」と呼ばれるものです．QFD とは，要求品質が目的，製品特性が手段であって，顧客の要求を満たすために製品特性についてどのような設計仕様にすべきかを決めることが重要であると認識し，要求を満たす手段の指定という意味での設計を適切に行うための方法論と位置づけられます．

「設計」という言葉を聞くと胸騒ぎを覚える方も多いことでしょう．にわかには賛同していただけないかもしれませんが，私は，設計とは「ニーズ・要求を満たす手段・方法の指定」と考えています．こんなものが欲しいというニーズ・要求を満たすために，材料はこれを使い，こんな構造・形状にして，大きさはこれで，こんな工法でつくる，などと決めたものが仕様であり，仕様を決める行為が設計であると考えています．「ニーズ・要求を満たすため」というのが本質で，設計という行為を考察するとき頭の整理になると信じています．

QFD の意義を再確認しつつ，QFD の本質について整理しておきます．製品を企画・設計する過程は，日常用語や行動で表される顧客の要求を，製品全体およびその製品を構成する部分に対する技術的仕様に変換する過程です．この過程において重要なことは，次の２つです．

① 変換の前後における，顧客の要求品質と製品の技術的仕様として必要な項目を抜け落ちなく列挙する．

② 変換の前後における，顧客の要求品質と製品の技術的仕様の間の関係を正しく把握する．

「要求品質展開」において，顧客の要求品質を一般的なものからより具体的なものへと分解します．このことによって，思考の範囲を限定しながら，顧客の要求品質を体系的に列挙することができ，したがって抜け落ちを少なくすることが可能となります．製品の品質特性の展開においても同様の効果が期待できます．

「品質表」においては，顧客の要求品質と製品の技術的仕様が表形式に整理され，表中にこの両者の関係のあり方が表現されます．この表を作成することによって，顧客の要求品質がどの製品仕様に反映されるか，どんな関係があるか，関係の不明確なものはどれかなどがわかり，したがって変換の誤りを減らすことが可能となります．

QFD の有効活用

QFD を用いることによって，製品の企画・設計の質の向上が期待できます．それは，この手法が「真の品質特性」と「代用特性」の区別を具現化するものだからです．製品の提供者によって定められる技術的仕様は単なる代用特性であって，顧客が望む真の品質特性とは別ものです．製品の提供者は顧客の満足が得られるように製品の技術的仕様を定めるのであって，これは顧客の満足という最終目的を達成するための手段です．この手法には製品設計の根幹に関わるこのような基本的な考え方が内在しているのです．

この本質が理解できれば，品質展開および品質表を適用する際には，まず，顧客の要求品質の展開にあたって，製品提供側の技術用語を使わず，顧客が用いる日常用語によって表現することにこだわるべきことがわかります．先ほど例に挙げた新聞用ロール紙の「破断強度」と「破れにくさ」は似ているけれど違うということです．

製品のベンチマーキング(benchmarking)をするとき，技術的仕様を比較することが多いようです．完全に間違っているとはいいませんが，ポイントを外しています．ベンチマークする対象は製品を通して顧客に提供している価値のはずです．その技術的仕様によって実現できた製品に対する要求への適合，ニーズの充足のレベルで比較すべきです．そうであるなら，要求品質展開によって展開され，重要と判断された項目のレベルで比較すべきです．

また，顧客が要求する品質には多様な側面があるので，機能・性能のみならず，信頼性，安全性，使いやすさ，感性品質など幅広い考慮を払って品質展開すべきです．さらに，要求品質と製品特性の関係を表にまとめるときには，「関係が不明である」ことが重要なことも明らかです．希薄な根拠で関係のありさまを示す印を付けるのではなく，現在の技術レベルで関係が不明な部分について調査・解析を行うべきです．

品質とは，顧客に提供した価値に対する顧客の評価であるという考え方を受け入れるなら，それは，顧客が，提供された製品の技術的特性そのものを評価しているのではなく，その技術的特性によって実現された製品の特徴・特性に対してどのような価値を見出したかを表しているのだと考えるべきです．これは，顧客の真のニーズを把握するという点で非常に重要で，成熟した社会であればあるほど考えなければならないことです．どのような価値を提供できているのかを考えることが，ブランドという概念につながります．

現代の成熟経済社会においては，製品・サービスそのものより，どんな人々がどんな価値観でつくったかが評価されるようになっていくでしょう．どの会社が企画・設計したものかによって，何となくこんな製品・サービスだろうなぁ，と思えてしまう偏りが生じるかもしれません．提供する側としては，そのような自社にとって良い意味での偏りのある評価になることをねらっているわけで，こうした努力を続け，実績を積み重ねていきたいものです．それがブランドというものです．

2.4　品質の経済性――品質は儲かるのか

品質への投資

その昔，検査によって品質の維持・向上を図ろうとすることが常識的なころ，品質にはカネがかかると考えられていました．品質を良くしようとして，検査を厳重にすれば，相当なコストが必要になるからです．

でも，もし始めから品質の良いものをつくるとすれば話は変わってきます．良いものを合理的なコストでつくることができれば，品質とコストを両立することが可能になります．

このときの重要なメッセージは3つあります．第一に，品質の良し悪しは顧客が決めるということです．顧客が満足するような品質の製品・サービスを提供すべきであって，いわゆる過剰品質は避けるべきです．第二に，品質で失敗をすると大きな損失(ロス)があるということです．**1.2節**で，「目に見える／見えない」，「内部／外部」の組合せで，4種類の品質ロスについて述べました．目に見えない外部ロスは売上減少を招きます．目に見えない内部ロスは機会損失を招きます．これらのロスを合理的なレベルにするために品質のためにある程度の“投資”が必要です．第三に，品質はマネジメントシステムでつくり込むようにするのが得策だということです．始めから良いものができるように合理的な業務プロセスの設計をすべきです．

これらが成立しているとき，品質とコストは両立します．というか，しかるべきアウトプットを得ようと思ったら，合理的なコストをかけるべきです．それは，コストというよりも投資というべきです．リターンが欲しければ，それなりの投資をするのが事業というものです．そのリターンを左右してしまうもの，それが品質，すなわち提供する価値に対する受取手の評価なのです．

品質は利益の源泉

「利益は経営の目的ではない」と主張すると，一部の経営者から顰蹙(ひんしゅく)を買いそうです．利益は，顧客価値提供という活動の総合的な評価指標であり，また価値提供の再生産サイクルの原資であると考えるべきという意味です．ここで強調しておきたいのは，品質は，その利益に貢献するということです．単純な図式でいうと，「利益＝売上－原価」と表現できます．品質が良いということは，よく売れるということで売上が増えます．また，品質マネジメントによって目的達成のために合理的な組織運営をすれば原価が減少します．

このように，長い目・広い視野で見ると，品質が儲かる会社の条件だということが理解できます．でも，短期的には，儲けるために品質を落とすなどいろいろな手があり，だからこそ，腹の底から理解するのは容易ではありません．

一昔前に，BSC という経営ツールが流行しました．バランスト・スコア・カード（Balanced Score Card）のことです．経営業績を見るときに，財務指標ばかりでなく，広い視野で判断しなければいけないということで，「財務の視点」，「顧客の視点」，「プロセスの視点」，「学習と成長の視点」という４つの視点を挙げています．

経営＝財務と考えている経営者に，健全な財務体質を生み出す構造，メカニズムを説明していますので，これは有益な考え方です．この４つの視点を少しデフォルメし，「学習と成長」をマネジメントシステムにおける「リソース」と読み替えると，財務業績を上げるためには顧客満足が必要で，そのためにはプロセスとそのプロセスに投入されるリソースが重要だという図式として表現できます．

儲けるためには，提供する製品・サービスが顧客に買ってもらえなければ始まりません．そのためには，顧客に満足を与える製品・サービスを提供できるようなマネジメントシステム（プロセス＋リソース）を構築し，きちんと運営していかなければいけないという図式です．

価値をテコに事業を見直す

このBSC を補強する説明として，経営における価値提供に焦点を当てることも考えられます．組織は製品・サービスを通して顧客に「価値」を提供するために設立されます．製品・サービスそのものを売っているわけではありません．製品・サービスを通して顧客に価値を提供し，その対価をいただいています．新聞社は新聞紙を売っているわけではありません．新聞紙上に記述されている情報や知見などの価値を売っています．しかも，良いタイミングで提供するからこそ意味があり，それが価値でもあります．

私は20 年ほど前に，製品・サービスを通して提供する価値について面白い経験をしたことがあります．ある電子部品設計・生産会社の方に，あなたの会社の製品は何ですか，つまり顧客に何を売っているのかと聞きました．「コンデンサー」との返答がありました．私は「そんなものは売っていません．そのコンデンサーを通して，顧客に価値を売っています．それが顧客に提供している製品です」と言いました．

顧客に売っている製品名，部品名は言えますが，提供価値が何であるかについてはあまり意識していないようでしたので，なかなか答えられません．3カ月ほどして，あるベテラン営業マンがこの問答に興味を抱き，顧客とのさまざまな会話を通して，「わかったような気がします」と言ってきました．ベテランにもいろいろいますが，この人はわかったつもりにならないという賢さがあり，尊敬すべき方でした．

「絶対の信頼性」という価値を買ってくれているのではないかと言うのです．コンデンサーは電荷を溜めるものですが，負荷が大きすぎると火を噴いたりします．それが絶対に起こらないという信頼感です．何かあったときにきちんと吸収してしまう能力，キャパシタンスです．

また，どんな仕様の部品を使えばよいか判断するための測定・診断をする技術支援もしていることも価値になっているかもしれないとのことでした．受注獲得のために無料でサービスしていたのですが，容量の大きすぎる高いものを売りつけるようなことをせず，起こりうる負荷条件を見極めて，的確な推奨をしていたのです．顧客はその技術を買ってくれていたことになります．

もう一つあるとのことでした．それは，どんな依頼を受けてもとりあえずは「はい，わかりました」と言って，すぐに飛んでいく営業マンの小回りの良さでした．

こんな例を考えてみると，あらゆる取引，ビジネスにおいて，製品・サービスを通して一体全体どんな価値を提供しているか，製品そのものではなく製品を通して売っているものが何であるかを再認識してみることが重要で，それがわかれば，その価値を提供するためにどんな能力をもっていれば競争に勝てるのかがわかります．その能力をプロセス，システムに埋め込んで日常的に能力を発揮できるようにすれば，その結果として業績が向上するはずです．

経営の良し悪しを財務指標で測ることの重要性も有用性もわかりますが，実はそれは提供価値を経済価値に置き換えて金額で表しているのだと考えるべきです．そしてその金額に表現されているはずの「価値」を理解すべきです．

先ほども述べましたように，利益には2つの側面があります．第一は，顧客価値提供活動における総合的な良さを表している尺度という見方です．結果として利益が得られるのであって，目的ではないはずです．第二は，この価値提供活動という素晴らしい行為の再生産サイクルの原資だという見方です．将来にわたり顧客価値提供を続けるために利益を得るという考え方です．

そういう意味で，品質の良い製品・サービスを提供していく，つまり提供価値に対する評価としての品質を上げていくことは，当然のことながら財務と密接に関係がありますし，矛盾するものでも何でもありません．まともな業績を上げるために，品質は正義なのです．

2.5　品質の側面——品質の見方・捉え方

設計品質／適合品質

品質とは，製品・サービスを通して顧客に提供した価値に対する顧客の評価と述べてきました．ザックリ言えば，品質が良いといえるためには顧客満足を実現できていなければなりません．その「顧客満足」のために，少なくとも2つの側面を考える必要があります．それは「設計品質」と「適合品質」です．図2.3をご覧ください．

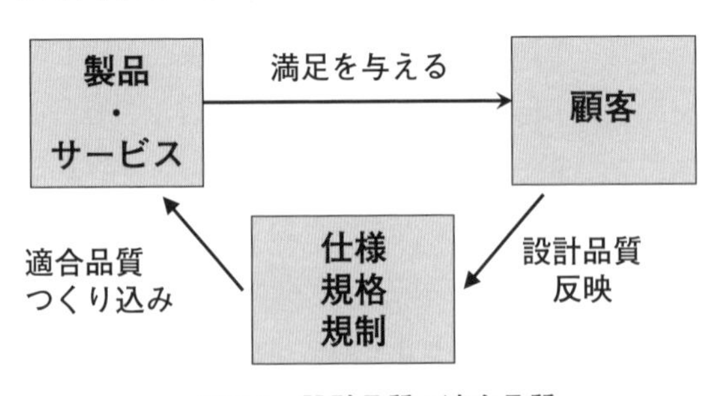

図2.3　設計品質／適合品質

顧客に満足してもらうためには，製品・サービスの設計が顧客の要求に応えるものでなければなりません．そして，現実に顧客に提供される製品・サービスが設計どおりのものでなければなりません．顧客の要求が製品・サービスの設計にどれほど反映されているかが「設計品質」です．そして，現実の製品・サービスがどれほど設計に合致しているかが「適合品質」です．工業製品の場合，適合品質は「製造品質」と呼ばれることもあります．

設計とは，ニーズ・要求を満たす手段・方法の指定といえます．ですから，設計の結果を仕様(スペック，specification，specify する(＝指定する)こと)といったり，設計行為を「仕様化」といったりします．車の設計とは，車に対するさまざまな要求を満たすように，どのような材料を使い，どのような形状・寸法にして，どのような機構にするか，またどのようにつくるか，それらの仕様を決めることです．「設計品質」とは，多様な顧客の要求をどの程度満たす設計になっているかどうか，その程度を意味します．

一方，「適合品質」とは，実際の製品・サービスがどのくらい設計の指定どおりにできているか，その程度です．適合品質(製造品質)は品質の基本ではありますが，この2つのどちらが重要かと問われれば，設計品質と答えざるをえません．設計品質が悪くて適合品質が良いと，顧客に喜んでもらえない，つまりは売れない製品・サービスを，組織を挙げて整然とつくり続けることになります．

実は，製品・サービスの品質の側面は，設計品質/適合品質の2つにとどまらず，全部で4つあると考えるべきかもしれません．それは「企画品質」，「設計品質」，「製造品質」，「付帯サービス品質」です．企画品質とは，ニーズの把握・分析・定義の質です．すなわち，製品・サービスのコンセプト，製品・サービスとして実現すべき品質目標の妥当性です．付帯サービス品質とは，製品・サービスに付帯するサービス，例えばアフターサービスなどの質のことです．

設計品質/適合品質という品質の2つの側面は，「計画の品質」と「実施の品質」，あるいは「ねらいの品質」と「ねらいとの一致度合い」と言い換えてもよいでしょう．すなわち，計画(実施しようとしたこと)がどれほど目的に合っているかと，実施(現実に実施したこと)がその計画にどれほど合っているかです．私たちが行うさまざまな活動に対して，この2つの側面があるという視点は有益です．

例えば，目的・目標を達成できなかったとき，まずは，計画すなわち目的・目標を達成するための手段・方法・目論見に不備があったのか，それともその計画どおりに実施できなかったためなのかと，問題を切り分けてみるとよいでしょう．そのあと，計画の問題，または実施の問題の原因究明をすることになります．

私はゴルフをしますが，パットでは，下手ながらもラインを読みグリーンの速さを考慮してどう打つか考えてから打ちます．入らなかったとき，読みが違っていたのか，それとも思ったとおりに打てなかったのかを振り返ります．これは問題を計画と実施の質に切り分けていることになります．もっとも，両方とも間違っていて入ってしまうこともあるので，ことは単純ではありませんが…….

業務の質

品質管理は，品質を品物の質にとどまらず，あらゆる考慮の対象の質と考えることによって，大きく領域を広げ，効果を大きなものとしてきました．製品・サービスの品質を達成するためには製品・サービスを生み出すプロセスの質を問題にしなければなりません．ここから「プロセスの質」という概念が生まれます．同様にして，何らかの成果を生むために実施している業務，仕事の良し悪しについて考えるとき，「業務の質」，「仕事の質」と表現します．

このようにして，品質を考える対象を，製品・サービスから，工程・プロセス，システム，業務，仕事，人，組織などに拡大し，これらの管理・改善活動につなげるのは，品質管理の発展の歴史の必然でした．製品品質に限らず，コストや納期などを決定づけるプロセスの改善も，そのプロセスの品質を改善することにほかならず，結果として，品質管理は企業の体質改善の道具として進化することになりました.

業務の質，仕事の質，プロセスの質，システムの質が良いとは，どういうことを意味するのでしょうか．例えば，業務の質について，設計品質，適合品質という視点で考えてみましょう．適合品質とは，業務手順への適合の程度です．要するに，業務手順に定められているとおりに実施したかどうかを問題にしています．一方で，設計品質では，業務手順が業務目的を達成できるようなものになっているかどうかを問題にしていることになります.

これまで何回も「品質概念」とは目的志向の考え方にほかならないと述べてきました．業務の質を考えるときにも，その業務が業務目的を達成するようなものであったかどうかを問題にしています．そのためには，業務手順が目的を達成できるようなものであり(＝設計品質)，その手順どおりに実施する(＝適合品質)ことの両方が必要となります.

2.2 節において「後工程はお客様」という格言について考察したとき，最も重視したのは業務目的でした．その目的は，後工程(群)が自身の工程からのアウトプットをどう使うか，どうなっていれば良いといえるのか，という検討によって明確になります．業務の質が良いといえるかどうかは，こうした考察を経て明らかになっていきます.

1960 年ごろからの四半世紀，工業製品の大衆化による高度成長期にありながら，経済的に急激に強くなったからこそ対処しなければならなかった貿易自由化，資本自由化，ニクソンショック(円ドル為替レートの変動相場制への移行)，オイルショック(原油価格の大幅値上げ)など，経済的に厳しい情勢にあって，日本経済が比較的順調に成長してきた理由は何だったのでしょうか．それは，この経済成長を支えた工業界が，短期的財務の視点で経営に取り組むのではなく，顧客に受け入れられる価値ある製品を継続的に提供できるような「経営システム」の構築を企業の体質改善と称して取り組んできたことが挙げられるでしょう．「マネジメントシステムの質」を向上するという方法論を編み出す源泉となった，品質の考え方は，なかなかのものと思います.

1990 年代半ばに，それまで TQC と呼ばれていた総合的な品質管理が TQM

と呼ばれるようになりました．その呼称変更で強調されたのは，製品・サービスを生み出すためのプロセス，システムだけでなく，企業・組織の存在や活動そのものの品質，つまりは「経営の質」，「組織の質」の向上でした．それが企業・組織の社会的責任(Corporate Social Responsibility：CSR)，企業統治(コーポレートガバナンス：Corporate Governance)，説明責任(アカウンタビリティ：Accountability)などの概念の普及につながっていきました．

元をたどれば「業務の質」，あるいは何ごとにも「質」を考えることができるという捉え方が，経営や管理におけるこのような発展を促したのだとするなら，「品質」というのは実に意義深い概念であると思います．

2.6　品質保証――安心して買っていただける製品・サービスの提供

品質管理のドーナツ化現象

わが国における近代的品質管理の歴史のなかで「品質保証」という用語がブレークしたときがあります．それは1960年ごろのこと，「品質管理のドーナツ化現象」[5]といわれる現象が起きました．ドーナツ化とは「中心がない」という意味です．

日本は，戦後アメリカから品質管理を学び，鉄・化学・電気・機械などの製品分野で「SQC(Statistical Quality Control：統計的品質管理)」を強力なツールにして，これに人間的側面への考慮を加えて熱心に推進してきました．しかし，品質抜きの品質管理，つまり品質管理の手法を使って原価低減，在庫削減，生産性向上などの改善が目につくようになったというのです．

原価，在庫，生産性の問題は，元を正せば品質問題に起因することが多いですし，何であれ経営改善に貢献しますので，これが間違っているということはありません．しかしながら，深因である品質問題の解決というより，その問題に直接効いている要因を特定して改善を図るようなアプローチに対し，品質管理のあり方としてこれでよいのかという問題提起があったとのことです．品質管理は，品質を維持し向上することに中心を置く活動にすべきだという見解です．

そこで，品質のための品質管理，品質中心の品質管理を進めようということで，「品質保証」という用語を使い始めたとのことです．そして，品質保証とは「顧客に安心して使っていただけるような製品・サービスを提供するためのすべての活動」を意味し，それは「品質管理の目的」であり，「品質管理の中心」であり，「品質管理の神髄」である，などといわれました．

「買い手危険もち」から「売り手危険もち」へ

上述しましたように，日本の品質管理の推進において，「品質保証」という用語が頻繁に使われるようになって，せいぜい60年余ということになります．それでも，品質保証という用語が使われていない時代にも，品質保証の概念そのものはありました．その概念が生まれるのは，人間社会に「取引」といわれる経済行為が始まる太古の昔からと思いきや，その歴史は意外と浅く，せいぜい100年程度のようです．

価値の移動があれば，その取引対象が妥当なものであるべきという考え方は，太古の昔からあったと思われます．ここで，その歴史が浅いというのは，品質保証の原則が「売り手危険もち」になるのは案外最近のことだということです．

旅行先で怪しげなお土産を見つけたとき，その品物をよく調べて，粗悪品をつかまされる危険を覚悟のうえで買うのが「買い手危険もち」です．それに対して，品質保証書などを発行し，もし品質に問題があれば，良品に取り替えるなどするのが「売り手危険もち」です．

製品・サービスの提供側が品質の悪いときのリスクを請け負う「売り手危険もち」という形の品質保証は，近年の工業化社会が成立してからのことです．品質保証という概念は，製品・サービスの複雑さ，生産者と顧客の距離が大きくなって生まれた比較的新しい概念・方法です．

製品の複雑さや売り手と買い手の距離が，なぜ「売り手危険もち」という原則につながるのでしょうか．もし製品が単純で買い手にもその良し悪しの判断ができて，売り手と買い手の距離が近ければ，「買い手危険もち」という原則でも，品質の良い製品・サービスに自然淘汰されていくと期待できます．

ところが，製品が複雑になり，売り手と買い手の距離が遠くなると，「買い手危険もち」という原則では，売りにくくなります．例えば，目の前に１台200万円足らずの，なかなか良さそうな車があるとします．最近は車も高くなっていますから（日本における量産乗用車の新車平均価格は300万円以上です！），とてもお買い得に思えます．買い手がその車の評価をして良いと思ったら買うのですが，もし不具合が見つかってもそのリスクは買い手が負わなければならないとしたら，果たして車は売れるでしょうか．こんな売り方では，売れるものも売れなくなってしまいます．

品質保証という考え方はこうして生まれてきたものです．売り手が「この製品・サービスは大丈夫です．保証します．もし何かあったら取り替えるなり修理しますし，必要なら弁償もします」と言ってくれて初めて，買い手は買おうという気になるでしょう．

「補償」から「保証」へ

品質保証の歴史的発展を端的に表現すれば，「買い手危険もち」から「売り手危険もち」に原則が変わり，しかも新品の補償だけでなく，始めから良いものを提供できるようなシステムを運用し，もし何かあっても誠実に対応するような組織を挙げた活動へと，短い間に進展した，となります．

実際，当初の品質保証は，新品の「補償」という考え方が中心でした．しかしながら，わが国においては，家電ブームの時代に，新品の補償にとどまらず，購入後もある一定期間中に生じたメーカー責任の不具合に対して補償するという「品質保証書」付きでなければ売れなくなってきました．このような状況で，修理や取替えによって補償するだけではユーザーの信頼も得られず，またメーカー側も修理や取替えの費用の増加が経営を圧迫するので，保証期間後も性能を発揮することを「保証」するような体制の見直しと改善を行いました．

製品・サービスの複雑化に伴って「補償」という考え方が生まれ，それが「保証」にまで発展した理由として，生産・販売の大規模化の影響を見逃すことができません．生産・販売の大規模化というと，生産工場の自動化とか流通チャンネルの整備などを思い浮かべるかもしれません．しかし，地味ではあるのですが最も重要なのは，実は「品質保証」です．品質を重視しこれを保証しないと，売上そのものが伸びませんし，補償にとどまっているとその費用ゆえに製品・サービスの競争力が低下します．

「品質」の意味の拡大

時代の進展に伴い，保証の対象である「品質」の意味が拡大していきます．日本では，1960 年代後半に入り，耐久消費財の普及と信頼性技術の進歩によって，商品の「信頼性」が重視されるようになりました．このような機能商品の普及に伴い「商品というモノを買う」という考えから「その商品が有する機能(ハタラキ)を買う」というようにユーザーの考え方が変わってきました．耐久消費財という名が示すように，ユーザーが期待する期間，故障しないで稼働する可能性が大きいという信頼性が要求され，メーカー側も信頼性設計，信頼性試験，市場故障データの解析などを品質保証活動の中に取り入れるようになりました．

とくに，高価な耐久消費財あるいは生産財では，修理しながら使うのが普通であり，その場合にはいかに迅速に修理されるかという「保全性」が重要となります．故障が起こらないことを追求する狭義の信頼性活動に加えて，壊れてもすぐに修理して稼働するようにするという保全性の追求も重要になり，このためのアフターサービス体制が品質保証の重要な要素となりました．

保証をする相手の拡大も起きました．1970 年代初めに生じた公害問題を契機として，従来の品質の考えの拡大を余儀なくされたのです．従来の品質はメーカーとユーザーとの関係で論じられてきましたが，公害の発生は，メーカーはユーザーを満足させるだけでなく，同時に第三者(社会)にも迷惑をかけない製品・サービスを設計・生産・販売することが必要であることを示したのです．このような観点で捉えた品質を「社会的品質」といっていました(**2.2 節**を参照)．もっともこのとき問題になった「環境」は，数年で下火になってしまいました.「環境は儲からない」というのが理由でした. 日本という社会が成熟していなかったからでしょう. それから約30年後には, 環境は事業運営における重要課題となり, 今では環境技術が競争優位要因となる産業分野が多々あります.

品質保証の方法の進展

日本の品質管理の歴史を振り返ってみますと, 品質保証の方法論も「検査重点主義」→「工程管理重点主義」→「新製品開発重点主義」へと進歩を遂げてきたことがわかります.

日本がアメリカから近代的品質管理を学んだ第二次世界大戦直後は, 品質を保証する方法の中心は「検査」でした. 検査の基本的考え方は, 保証の対象となっている製品の集まり(ロット)について, その全部または一部についていくつかの特性を計測・評価することによって, ロット全体の品質レベルを評価し, ある一定以上のレベルと判断されたものだけを出荷あるいは以降の工程に流すというものです. 一部だけを測定する際には, 確率論を基礎とする抜取検査によって一部の情報から全体を推測し合理的な判断を行う「抜取検査法」が当時の品質管理の主要なテーマでした.

しかし, 検査には弱点があります. 検査だけでは品質は向上しません. 一部から全体を推測できるような安定した製品ロットにはなっていないかもしれません. 全数検査を行ったとしても, 評価すべきすべての品質特性を評価することは不可能でしょう. 検査後に特性が変化することもありえます. 検査にはつくってしまった不良品を特定し何らかの処置をするだけの機能しかありませんので, 始めから良品をつくるほうが良いに決まっています.

こうして日本では1950年代に入って, 製造工程をきちんと管理することによって, 始めから良いものをつくろうという考え方が広まりました. 当時の「品質は工程でつくり込め(Build quality into the process.)」という教えは, この考えを端的に物語っています. 工程のアウトプットに影響を与える工程の条件を明らかにしてその条件を管理し, また中間特性値を的確に把握し早めに対応するという方法です．

1960年代になると，いくら製造工程が整然としていても，また製造工程における不良率がどんなに低くても，売れなければ何にもならないという考え方が生まれてきました．すなわち，規格に合致しても品質が良いとはいえず，真に品質を保証するためには，まずは良い製品仕様をつくることが重要であるとの考えが芽生えたのです．しかも，製造工程でのトラブルをよく分析してみると，その原因の多くは上流工程である生産準備や設計・開発にあることが次第に明らかになり，その後10年ほどのうちに，新製品開発において品質を確保しようという考え方が主流を占めるようになりました．こうして生まれたのが「品質は企画・設計でつくり込め(Build in quality through planning and design.)」という言葉です．

一般論として，プロセスで品質をつくり込むという考え方は，合理的な管理の原則に則っとっているといえます．

品質を保証するとは何をすることか

「品質保証」の名のもとに何をするか，すなわち「保証する」とは何をすることか考えてみます．私たちは，ときに「業務の品質保証」とか，「仕事の質を保証する」と言いますが，それが何を意味しているのか，真正面から考察してみようということです．

「品質を保証する」とは「顧客に信頼感を与える」ことだと考えてよいでしょう．ISO 9000の世界では，信頼感を与えるために，仕様どおりの製品を提供できる能力があることを「実証」することに力点を置いています．そして，手順の存在の証拠としての手順書，実施した証拠としての記録など文書類が重要視されます．製品・サービスを生み出すプロセスがまともであることを証明・説明することが基本です．

一方で，日本で「品質保証」という用語が広まる契機になった，何とも誠実な品質保証のために何をすべきかという点ではどうでしょうか．品質が良いと請け合い，将来についても責任をもつためには，「始めから品質の良い製品・

サービスを提供できるようにすること」と，「もし万一不具合があった場合に適切な処置をとること」の２つからなると考えられます．

この２つを展開した活動を以下にまとめておきます．

品質を保証するとは[6)]

A 信頼感を与えることができる製品・サービスを顧客に提供するための体系的活動

A1 顧客が満足する品質を達成するための手順の確立

A2 定めた手順どおりに実施した場合に顧客が満足する品質を達成できることの確認

A3 日常の作業が手順どおりに実施されていることの確認と実施されていない場合のフィードバック

A4 日常的に生産されている製品・サービスが所定の品質水準に達していることの確認，および未達の場合の処置

B 使用の段階で供給側責任の問題が生じた場合の補償と再発防止のための体系的活動

B1 応急対策としてのクレーム処理，アフターサービス，製造物責任補償

B2 再発防止策としての品質解析と品質保証システムへのフィードバック

Bは，「応急処置・影響拡大防止」と「再発防止・未然防止」という２つの対応のことをいっています．それでは，始めから品質の良い製品・サービスを提供する仕組みについてA1～A4は何をいっているのでしょうか．

A1は，手順，プロセス，システムを構築するようにといっています．A2はその手順でまともな製品・サービスが提供できることを確認しておくようにといっています．A3は，決められたとおりに実施するようにといっています．A1，A2でそのとおりに実施すれば良い製品・サービスが生み出される仕組み

ができているはずですから，そのとおりに実施すべきである，ということです．

A4は，現実の製品・サービスでの確認を求めています．正しいはずの仕組みどおりに実施して生み出された製品・サービスが期待どおりかどうか，現物で確認するということです．製品・サービスの監視・測定や，いわゆる検査がそれに当たるでしょう．

品質保証には，こうした全組織を挙げた体系的な活動が必要となります．普通の組織には，どの部門がいつ何をするかの概略フロー図のような「品質保証体系図」があります．通常の工業製品であれば，商品企画から，開発・設計，試作，試験，生産準備，購買，生産，販売，サービス，市場評価などに至る一貫したシステムの大要を図示したものがあるでしょう．この図には，各ステップで実施すべき業務を各部門に割り振ったフロー図として示されるのが普通です．関連規定や主要な標準の種類を示してあるものも多く，提供する製品・サービスが組織的にどのように品質保証されるのか，その全貌を可視化するものとして有効です．

品質部門の役割

品質保証とか品質管理など名称はいろいろですが，経営において必須の品質という経営機能を「主管」する部門が設けられています．これら品質担当部門はどんな仕事をすべきなのでしょうか．

品質管理に限らず原価管理，生産管理など「管理」という名称が付く部門の仕事は，何をどこまで行うべきなのか，難しいものです．そもそも「主管」とは何でしょうか．品質は全組織を挙げて達成すべきですし，そうしなければ達成できません．品質が良くなるのは，企画，設計・開発，生産などが頑張るからですが，品質部門はどれほどの貢献をしているのでしょうか．「主管業務」というものをどう定義し，その質をどう測ればよいのでしょうか．

品質保証部門は，品質保証活動の事務局として，各部門における品質保証活動の推進を支援し，品質保証に関わる全社的な課題・問題を明確にし，その解決を図るために設置されているはずです．

企業によっては，品質保証部門には，事務局的な仕事ばかりでなく，品質保証に関わるライン業務も割り付けられています．例えば，検査業務とか試験検査機器の管理です．

さらに，クレーム処理，品質監査の計画・運営，品質報告書の発行などもあります．これらは，事務局というより，まさに直接的な品質保証業務といえるものです．直接の責任をもつとはいっても，いわゆる調整といわれる業務が主となります．例えば，クレーム処理では，クレームとして処理することに決まった案件の進捗管理の責任を品質保証部に置き，営業，技術，生産技術，工場が調査，解析を担当している業務について，計画どおり進捗しているか，新たな事象が出てきて対応を見直さなければならないかなど，その案件を円滑に処理するための，事務的なことから技術に関わることまで，それこそ何から何まで調整して前に進めます．

クレーム以外にも，普通は，全社重要品質問題の解決とか，部門間にわたる品質問題に関わる調整があります．「品質会議」の主催に関わる調整というのもあります．

会社全体として筋の通った品質保証をしていくために，こうした調整が重要なのですが，もっと主体的に攻めていくような品質保証業務もありえます．例えば，全社的な品質保証体制の充実です．効果的・効率的な品質保証ができるためには，営業，技術，生産技術，生産などの重要品質機能が充実していなければなりませんが，これらをどう体系づけていくかを考察し，仕組みの改善の音頭取り，あるいは誘導，要は皆をその気にさせて前進させることは，品質保証部門の仕事といえます．

気の利いた品質保証部門は，品質保証体制の整備・充実，品質保証規程の改廃の起案，PLP（Product Liability Prevention：製造物責任予防）体制の整備・推進など，いろいろ実施しています．

社長室とか経営企画などの経営機能がどの程度であるかに依存しますが，「品質」という切り口から，経営陣のブレーンの役割を果たすこともできます．品質保証とは，煎じ詰めれば，まともな顧客価値提供のことをいっているわけで，その統括部門であるなら，顧客への価値提供という視点で，経営者のブレーンであるべきです．

ISO 9000 の世界での品質保証

ISO 9000 シリーズが普及し始めたころ，日本においてある種の混乱，ある種の誤解が生じました．その一つが「品質保証」の意味でした．ISO 9000 シリーズ規格を審議する ISO/TC 176 のタイトルは“Quality management and quality assurance(品質マネジメント及び品質保証)”です．なぜ，このようなタイトルとなっているか不思議に思いませんか．

ISO 9000 シリーズ規格が使う，品質の運営に関する用語としては，quality management(QM：品質マネジメント)，quality control(QC：品質管理)，quality assurance(QA：品質保証)，quality improvement(QI：品質改善)があり，

$$QM = QC + QA + QI$$

というような式でこの四者の関係を説明していました．

この 4 つの用語のなかで，わが国が使ってきた同じ用語と意味が大きく異なるのは，QC と QA です．

QC は，ISO 9000 シリーズでの用語法では，抜取検査，デザインレビュー，手順書，内部監査などの，品質管理手法や品質管理活動要素というような意味です．わが国は相当早い時期に，品質管理をずっと広い概念と受け止め，QC という用語を，ISO 9000 でいう QM と同じような意味で使っていました．ISO 9000 が日本に導入された当初，この QM と QC の訳語に困り，QM を「品質管理」，QC を「品質管理(狭義)」などとしてみました．当時は，QM を「品質経営」というのはおこがましいと感じたからです．そのうち日本語お得意の外来語をそのままカタカナ表記にする方法を採用して「品質マネジメント」を訳語にあて，繰り返し使っているうちに違和感がなくなり，今では management を「マネジメント」，control を「管理」と訳すようになりました．

ISO 9000 でいう QA とは，基本的に「合意された仕様どおりの品質の製品・

サービスを提供する能力の実証による信頼感の付与」という意味です．この意味の本質を理解するためのポイントは２つあります．第一は「仕様どおりの」であり，第二は「実証による」です．一読すると「信頼感の付与」という美しい用語に惹きつけられますが，何に関して信頼感を与えるか，どのようにして信頼感を与えるかの２点に注目すれば，「仕様どおり」と「実証」が信頼感の実像を示していることがわかります．

日本での品質保証の意味は，顧客との間で明示的に約束しようがしまいが，とにかく徹底的に満足させてやろうとすることです．これに対しISO 9000での意味は，合意した品質レベルの実現であり，その実証です．これから提供する製品・サービスについて実証しなければなりませんので，提供システムが妥当であることを訴えなければなりません．「私たちはこういう仕組み，プロセスを備えているから大丈夫です．その証拠に品質保証体系図，プロセス仕様書があります．それらは，国際標準に準拠しています．それに加え，決められたとおりに実施しています．その証拠に記録があります．どうぞ見てください」というわけです．証拠を示すことによって「これからもずっとできるから信頼してください．契約してください」，これがISO 9000でいう品質保証です．

1960年当時の「品質管理のドーナツ化現象」の反省は貴重でした．品質管理という方法論を勉強してきた人々は，このころ「この思想・方法論を原点に返って品質のために使おう，本当に顧客が喜ぶものをつくっていくために使おう」と再確認したのですから．近代的品質管理の本格的適用の約10年目にして，品質回帰(原点回帰)のような現象が起きたことは素晴らしいことでした．

真の顧客満足のためには，仕様どおりの製品・サービスの提供では不十分で，日本的な意味での品質保証のための品質マネジメントシステムをISO 9001をベースにして構築すべきでしょう．これこそがISO 9001の有効活用の第一歩です．

第3章
マネジメントの原則

3.1　技術とマネジメント――マネジメントの意義について考える

技術とマネジメント

マネジメントの原理・原則について語る前に，技術とマネジメントの関係について考察しておきます．

品質の良い製品・サービスの効率的な提供に必要な条件は何でしょうか．私は，「技術」，「マネジメント」，「ひと」，「文化」の4つを挙げています．良質の製品・サービスを提供するためには，まずは固有技術が必要で，次にその技術を生かす方法論としてのマネジメントが必要，さらに意欲，知識・技術，技能の面で優れた人が必要です．加えて，それらの基盤としての組織風土・文化も重要だろうと考えています．

「餅は餅屋」といいます．餅屋を生業(なりわい)にしようと思ったら，餅米，海苔，きな粉，砂糖，醤油などの材料や，餅の蒸かし方，餅のつき方，焼き方，きな粉の前処理，海苔の焼き方などのプロセスに固有の知識・技術，技能・腕前が必要です．でもそれだけでは不十分です．組織をつくり，分担を決め，統制をして，さまざまな餅をつくるマネジメントが必要です．餅屋に必要な技術を組織で共有するために標準類が必要でしょう．しかるべき知識・技術，技能，意欲のある人材の採用，そして教育・訓練も必要です．そして，餅屋という事業に必要な組織文化・風土も必要になるかもしれません．

上述した4つの要件のうち，最も直接的に良質製品の提供に貢献する2つを挙げるなら，その第一は，その製品・サービスに固有の技術でしょう．自動車をつくって売りたいのなら，主要な材料である鉄鋼の性質に関する深い知識が必要だし，内燃機関(エンジン)に関わる膨大な技術知識を保有していなければなりません．電動化に対応していくためには高容量・高効率・軽量・安全な電池に関わる技術が必要です．そもそも顧客・市場ニーズの構造(どのような顧客層・市場セグメントが，どのようなニーズをもち，それらのニーズがどのような要因に左右されるか)を理解していなければ適切な製品・サービスの企画はできません．

第二は，こうした技術を組織で活用していくためのマネジメントでしょう．高い技術をもっていても，それが特定の個人だけのものであれば組織全体として共有することはできません．組織として保有していたとしても，しかるべきときに適切に活用できるような仕組みを構築しておかなければその知識・技術は日の目を見ません．

マネジメント・管理とは，この意味で，「(固有)技術を使って目的を達成する技術」ともいえます．ここで「技術」とは，「目的達成のための再現可能な方法論」というような広い概念を意味しています．

固有技術と管理技術

この２つの要件のことを「固有技術」，「管理技術」ということがあります．固有技術とは，製品・サービスの提供に必要な，製品・サービスに固有な技術のことです．固有技術には，製品・サービスの設計に関わる知識・技術，実現・提供に関わる知識・技術，評価に関わる知識・技術などがあります．一方，管理技術とは，固有技術を支援し，仕事を効果的・効率的に実施できるようにし，またさまざまな運営上の問題を解決していくために有効な技術のことをいいます．組織運営の方法，品質管理，原価管理などの仕組み，QFD(品質機能展開)，統計的方法などの技法は管理技術の例です．固有技術は「製品・サービスに固有の技術」，管理技術は「固有技術を活かすための技術」ということができます．

良質の製品・サービス提供に必要な４つの要件との対応でいえば，固有技術は「技術」，管理技術は，広く捉えるとその他の3つの要件すべて，少し狭くは「マネジメント」，「ひと」ということになります．

この2つの技術のうち，どちらが重要でしょうか．難しい問いではありますが，やはり固有技術と答えざるをえません．例えば，それはマネジメントシステムのレベルというものは，そこに埋め込まれている固有技術のレベル以上にはなれないことからも判断できます．どんなに立派なマネジメントシステムを構築しても，そのマネジメントシステムの血となり肉となるべき製品・サービスに固有の技術・知識が貧相な状態では，顧客に満足を与える製品・サービスを継続して提供することはできません．ちょうど実質的な中身のないISO 9001準拠のマネジメントシステムのようなものです．

そうではあるのですが，管理技術の重要性を忘れてはなりません．「固有技術を活かすための技術」といわれるとつかみ所がありませんが，「原理的に良い結果をもたらす方法論を必要なときに適用できるようにする方法」とか「同じような失敗を繰り返さないための技術」と言い換えてもよいかもしれません．

実際，固有技術が確立していても，その技術によって常に品質の良い製品・サービスを再現できるとは限りません．その一つの重大な例が日常茶飯に起こる失敗の再発です．固有技術が確立していれば一度は成功できます．しかし，成功できるその方法を再現し続けなければ継続的に成功することはできません．失敗したことと本質的に同じ原因の技術的失敗をしないためには，周到な業務システムの設計が必要です．管理技術によって実現しようとするものは，こうした組織運営です．

管理技術とは，実は極めて高度な技術であるため，その深遠なる意義はなかなか理解できないかもしれません．しかし，個人の才覚に頼る芸術(art)ではなく科学(science：再現可能な方法論に関わる知識獲得・適用の方法論)としての品質の維持・向上に必須の技術です．

意外に思うかもしれませんが，管理技術は，固有技術のレベル向上のために有効な道具となりえます．現に，無意識のうちに管理技術を利用して，その固有技術分野の因果メカニズムを明らかにし，固有技術レベルの向上を実現している活動が数多くあります．管理技術を系統的に学び，その整理された知識体系を活用していけば，より広範により効率的に固有技術のレベル向上を図ることができます．専門分野に関わる知識だけを増やしていくよりも，管理技術を活用しながら固有技術を深めていけば，より良い製品・サービスを提供できるということを認識したいものです．これこそがマネジメントの極意です．

固有技術の可視化・構造化・体系化

上述しましたように，品質の維持・向上のための４つの要件のうちで，最も直接的に品質に貢献するのは「技術」です．

実は，わが国の品質管理の歴史において，製造業以外への適用は必ずしも大成功とはいえませんでした．その理由は，固有技術の可視化・構造化・体系化のレベルが低かったことにあると解釈できます．品質の良い製品・サービスを効率的に生み出すには，まずはその製品・サービスの企画，設計，実現，提供，付帯サービスに固有の技術が必須です．さらにこれらの技術を活かすマネジメントやマネジメントシステムも必要です．管理技術，経営科学ともいわれる品質管理は，この管理に多大な貢献をする思想・方法論です．しかし，固有技術が可視化され，形式知として美しい構造で体系的に記述されていないと，せっかくのマネジメントシステムも中身のない骨組みに過ぎなくなります．役に立たないISO 9001の典型はこれです．形はあるが心がない，仏造って魂入れず，というところです．本書のタイトルを「マネジメントシステムに魂（たましい）を入れる」とした心もここにあります．

かつて一部の製造業で品質管理が大成功を収めた理由は，例えば不良低減において，要因の候補として列挙した特性や条件が，技術的に見て的を外すことが少なかったからです．自動車工学，金属材料学など，ある分野の技術・知識が体系的に整理されているからこそ，未知と思われる現象についても，その発生メカニズムをほぼ正しく想定することができたのです．要素となる技術がある程度確立しているからこそ，品質管理のような管理技術が有効に機能したといえるのです．

3.2　管理――目的達成のためのすべての活動

管理≠締め付け

私は，いわゆる全共闘世代です．1960年代の終わり，世界中を学生運動の嵐が吹き荒れました．東大でも，1969年1月安田講堂落城などがあり，その後も満足な授業ができず，授業日数確保のため，私たちの学年の卒業はちょうど3月31日，その前後の学年は5月末となりました．そのころは，まさに「管理社会反対」，「大学の管理強化反対」が正義でした．管理というものは「良くないこと」，少なくとも「必要悪」と受け止められるような時代でした．

「管理」という用語の意味を『広辞苑』で調べてみると，「管轄し処理すること．良い状態を保つように処置すること．とりしきること．「健康―」「品質―」」と書いてあります．「管轄」，「とりしきる」という説明と「良い状態を保つように……」との間には，若干のニュアンスの違いを感じます．「管理強化反対」というのは，管轄されること，取りしきられると感じるからでしょう．「良い状態を保つ」という意味なら，強化に反対するのはおかしなことになります．

「かんり」という同じ読みで「監理」と書くこともあります．建設工事現場で「設計監理○○建築設計」という看板を見ることがあります．こちらの監理は，いかにも取り締まるという臭いが強そうです．『広辞苑』には，「監督・管理すること．とりしまり．」とあり，明らかに統制するイメージです．

英語の“manage”はどうでしょうか．ニュアンスの異なる2つの意味があるようです．一つは“to direct or control the use of”，“to direct the affairs or intersts of”などで，統制・指揮を意味するようです．もう一つは“to succeed in accomplishing or achieving, especially with difficulty”などで，何とかして成功する，目的を達成するというような意味です．そして，それに近い微妙な説明もあります．例えば“handle”とか“deal with carefully”です．語源はラテン語の“manus”(hand，手)で，原義は「馬を御す．調教する」という意味です．私は“manage”の意味を伝える日本語としては，「経営する」，

「管理する」ではなく，柔らか過ぎる表現かもしれませんが「やりくりする」というのがピッタリではないかと思っています．

管理＝目的達成活動

品質マネジメントにおいては，「管理」や「マネジメント」は「目的を継続的に効率よく達成するためのすべての活動」を意味するものと考えています．管理社会，管理強化などの用語が与える語感は，監視，締め付け，統制，規制などですが，品質管理では，そのような狭量なものとは考えてきませんでした．

日本においては，アメリカから品質管理という方法論を学んで10年余を過ぎたころ，まだ“quality control”，“QC”，「品質管理」といっているころから，「管理」をかなり広い意味と受け止めていました．アメリカから用語を聞きかじり，TQC(Total Quality Control)と言い出すのが1960年ごろですが，そのころから日本のQC界が理解していた「管理」は英語の“control”が意味する統御・統制・制御を超える，目標・ねらいの設定も含む目的達成活動全般，すなわち“management”を意味していました．

品質に関する議論のなかで「品質概念は目的志向の思考・行動様式にほかならない」と述べました．管理とはその「目的」を達成するためのすべての活動，というのですから，品質管理を本当にマスターすれば，まともな目的を設定し，その目的を合理的に達成できるようになれるはずで，適用する人や組織が賢ければ，万能に近い思想と方法論を与えているともいえます．こんなこともあって，**第1章**で述べましたように，私は品質マネジメントとは「一般化目的達成学」であると思うようになりました．

「かんり」と発音する「監理」という用語もあると上述しました．「管理」と「監理」の意味の違いについて，管理は「クダカン」，監理は「サラカン」といって区別している分野もあります．通常は，安全管理，衛生管理，健康管理，情報管理，品質管理，労務管理，在庫管理などのように「管理」ですが，建設では「設計監理」と言いますし，行政上の監督・規制の意味でも「監理」を使います．

語源的には，監理の「監」は「見張る」，「管」は「くだ」です[7]．「管理」を「クダカン」というのは，「管」が「くだ」，「パイプ」を意味するからです．「サラカン」とは「監」の脚の部分の「皿」から来ています．「監」は，その字の構成から「人が盆にはった水を上から見ている」という意味で，まさに監視，監督，“supervise”が主な意味となります．

「くだ」のほうにプラス思考の管理の意味が加わるのはなぜでしょう．「管」は「竹」かんむりに「官」で構成されています．ここで「官」は同じ音の「貫」の代わりです．「竹を貫く」と「くだ」ができます．「管理」に目的達成の意味が含まれるのは，竹の節を貫いて(目的を)貫徹するというのが原意だからといえなくもありません．これ，信じていただかなくても結構です…….

「管理」に含まれる意味のうち最も重要なのは，実は「目的達成」ということです．目的達成のために監視，統制，規制をすることがあるかもしれませんが，それはあくまでも目的をうまく達成するための理にかなった手段としてのことです．

それにしても「管理強化反対」と叫ぶ運動はよくありますが，管理が目的達成のための活動だとすると，「目的達成反対」ということになってしまいますので，本当に妙なことになります．でも，管理される身として「管理強化大賛成」なんて何だか言いにくいですね…….

管理の要件

管理とは「目的を継続的に効率よく達成するためのすべての活動」と述べました．管理の重要な側面には，目的達成以外に，継続性と効率性もあるということです．

管理において効率性も問題になることは理解できるでしょう．目的を達成するために，どんなにお金がかかっても，どんなに時間がかかってもよいとはいえません．合理的な投入資源で目的を達成すべきです．

しかし，継続性については疑問があるかもしれません．「たった一度だけの目的達成のために管理は必要ない」と示唆していることになりますが，たった一度だけなら運に懸けるとか神に祈ればよくて，管理の原則とやらを考慮する方法など忘れてコトに臨めばよいとも思えます．

でも，ここで注意しておきたいのは「継続」ということの意味です．私たちの日常の行動で，純粋にたった一度だけということは，ほぼありえません．どこかに類似性があり，何らかの意味で繰り返しがあります．同じような目的を，同じような方法で達成しようとするとき「管理」が必要になる，というのが継続性も考慮した理由です．

例えば，研究・開発では，独創性・創造性が要求され，初めてのことが多く，継続性など考慮する必要はないように思えます．でも，よく考えてみると，テーマはいろいろ，方法もいろいろではありますが，とにかく「研究・開発」を続けています．だから，テーマの発掘，目標明確化，戦略，実行計画，実施，進捗管理，評価など，姿形を変えてやってくるさまざまな研究・開発の対象に対し，あるプロセスでこなしていきますので，その進め方に何らかの類似性があります．

管理では，目的・目標を定め，目的達成手段・方法を決め，それを実施するわけですが，そこに何らかの類似性があるので，標準的手順を決めたり，書式をつくったりして，中身はそれぞれ違うけれど，同じようなことをやっています．むしろ，話は逆で，純粋にたった一度なんてことは滅多にありませんので，あらゆる行動において常に「管理」を考えるべきともいえます．

何を管理するか

管理・マネジメントについて次に考えたいのは，管理の対象，すなわち何を管理するかです．管理とは目的達成の方法論ということですから，管理の対象になるものは広範なものとなります．世に「○○管理」といわれるものは，いろいろあります．品質管理，安全管理，衛生管理，健康管理，原価管理，納期管理，情報管理，労務管理，在庫管理，財務管理，設備管理，人事管理，……と思いつくままに挙げていけばキリがありません．でも，こうして挙げたさまざまな管理には2系統あるようです．

品質管理，安全管理，原価管理，納期管理などは，それぞれ品質，安全，原価，納期に関する目的達成行動と考えられます．情報管理，労務管理，設備管理，人事管理などは，それぞれ情報，労務，設備，人事を管理して，何らかの目的を達成しようとする活動に思えます．こうしてみると，私たちが「○○管理」と呼んでいるものには，「目的的管理」と「手段的管理」の２系統あるといえそうです．

例えば，品質管理のような目的的管理においては，品質に関するどのような目的を達成しようとするのか適切に定めなければなりません．一方で，情報管理のような手段的管理においては，情報を管理することによって何を達成したいのか，明確にしておかなければなりません．いずれにしても，目的の設定が重要となります．

目的設定

これまでさまざまな仕事をし管理に携わって来た方は，まともな目的を設定することが非常に難しいことをご存じのはずです．まともな目的を設定するために必要なこと，その秘訣は，結局は目的志向の思考・行動様式にあります．良い目的を設定するのに目的志向でなければならないなんて，トートロジー(同じ言葉の繰り返し)ですが，ほかに適切な表現のしようがなく申し訳ありません．

ある目的を設定したとしましょう．この目的が妥当かどうかは，その設定した目的によって究極的に達成したい目的は何かを考えることによって判断できます．つまりは，その上位の目的，上位の“ニーズ”を明確にし，その達成・実現に貢献できるかどうかを検討するということです．

これと類似しますが，逆の方法もありそうです．究極の目的，理念，あるべき姿を描いておいて，それを論理的に展開していったときに，いま妥当性を検討している「目的」が重要な要素として含まれるかという考察です．例えば，多くの組織が戦略策定のために行う Mission―Vision―Strategy(使命―ビジョン―戦略)という展開は，あるべき姿(＝使命・役割に関するビジョン)からの展開という枠組みで考えています．

重点志向

経営課題が少なからずあって，どの課題から取り組むべきかという意味での目的設定においては，目的の間の相互比較が必要になります．このような場合には，いわゆる「重点志向」を心がけるべきです．実は，取り組むべき課題が多いように見えて，重要なものは少ししかないのが普通です．

この現象を「パレートの法則」といいます．パレートというのはイタリアの社会学者・経済学者で，所得の分布に関して，全体の２割が所得全体の８割を占めるという法則を指摘しました．品質マネジメントにおいても，取り組むべき課題については“vital few, trivial many(重要なものは少なく，つまらないものが多い)”という法則が成立していますので，重要なものから取り組むべきです．

ところで「重要」とはどういうことでしょうか．何かが重要かどうかを判断する際には２つの側面に留意するのがよさそうです．それは「影響の重大さ」と「頻度」です．重大事象につながる，金額が多い，件数が多いものは重要ということです．結果が重大になりそうなことは重要と考えるのはよいでしょう．頻度が高いことが重要というのは，よく起こる可能性があるということは重要性の一つの側面だろうという意味です．

妥当な目標レベル

目的について述べ始めたついでに，目標をどう設定すべきかについて考えてみます．さまざまな管理活動において目標が設定されます．実績がその目標をどの程度達成できたかによって，表彰されたり，ボーナスが決まったりします．すると，少しずる賢い人は，短期的に効果が把握できて，効果が自分の成果であるように見える，十分に達成可能な目標を設定します．このような人ばかりだと，組織全体としては間もなくジリ貧に陥ることになるでしょう．

妥当なレベルの目標を設定することは，とても難しいことです．第一に考えるべきことは，その目的・目標の上位の目的のニーズ・要求のレベルです．目的・目標といえども，それが最終的な究極の目的ということはなく，上位の何らかの目的を達成するためにその目的・目標を設定しているはずで，その上位のニーズを満たすためにどれほどのレベルでなければならないかを考察し決めるということです．

同時に達成可能性も考慮しなければ現実的ではありません．太陽が西から上っても達成できないほどの高い目標であっては，目標達成のための努力をする気にはなれません．想定される目的達成手段の有効性や，必要リソース，実現可能性，現実性などを考慮して，挑戦的目標を設定するにしても，背伸びをして，何とか達成できるレベルを考えるのが普通です．

3.3　PDCA——目的達成行動の原則

管理のサイクル PDCA

品質管理を少しでも学んだ人は誰でも，「PDCA」という用語を聞いたことがあるでしょう．管理・マネジメントにおいて，PDCA は基本的な方法論であり，また PDCA のサイクルを回すことが効果的・効率的な管理につながるとされています．

P とは Plan（計画），D とは Do（実施），C とは Check（確認），A とは Act（処置）という意味です．管理のために，計画を立て，計画に従って実施し，結果が満足できるものかどうか確認し，満足できなければ処置をする，というのですから，当然と言えば当然です．当たり前じゃないかとバカにしたくなります．でも，実は，なかなか深い意味があります．

PDCA を構成する 4 つの活動を，それぞれを 2 つずつに分解してみます．これは私流であり，一つの説明の仕方です（**図 3.1**）．

これら PDCA のそれぞれのステップで期待されている事項を以下に記してみます．

Plan
　P1：目的・目標の明確化
　P2：目的達成のための手段・方法の決定
Do
　D1：実施準備・整備
　D2：(計画, 指定, 標準どおりの) 実施
Check
　C1：目標達成状況の確認, 分析, 対応検討
　C2：副作用の確認, 対応検討
Act
　A1：応急処置, 影響拡大防止
　A2：再発防止, 未然防止

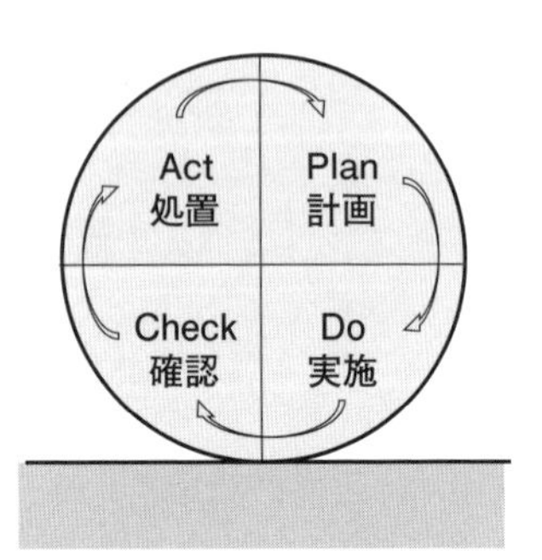

図 3.1　PDCA サイクル

Plan――P1：目的・目標の明確化

Plan(計画)においては，2つのことをします．一つは，目的・目標の明確化(P1)，もう一つは，目的達成のための手段・方法の決定(P2)です．

Plan の第一の目的・目標の明確化(P1)では，まず管理の対象についての「目的」を明確にします．例えば，「不良を減少したい」，「売上を向上したい」，「画期的新製品を開発したい」などです．次に，「管理項目」あるいは「管理指標」，すなわち目的達成の程度を測る尺度を決めます．例えば，市場クレーム件数，工程内不良率，売上高，利益，市場導入６カ月の売上などです．第三に，その管理項目・管理指標に関して到達したいレベル(管理水準，目標)を定めます．これが「目標」ということになります．

管理の主眼は目的達成にありますから，どのような目的・目標を定めるかは極めて重要です．まず，取り上げる目的は，根拠のある妥当なものとすべきです．通常は，上位または究極の目的の分解，あるいはそれらの目的を達成するための方策であることが多いので，「設定しようとしている目的は，結局のところ，何のために」と考えてみるとよいでしょう．達成に必要なリソースを考

慮したとき，目的にしたいことが多すぎる場合には重要なものを選ぶ必要があります．重点志向です．

「管理項目」は，目的の達成度を把握し，適時適切に必要な対応処置をとるための尺度，管理指標です．管理とは目的達成行動ですから，それが順調に進んでいるかどうか端的に把握する指標が必要で，それが管理項目というわけです．管理項目には，目的尺度のほかに，効率尺度，すなわち目的達成をどの程度の効率でできたかを測る尺度を考えることもあります．

管理項目について達成すべき水準，すわなち目標を決めるとき，これまでの実績やトレンドと少しの努力目標を考慮して「こんなもんだろう」と決めることが多いようですが，もう少しよく考えるべきです．上位の目標達成の必要性，究極の目的への貢献，周囲のニーズ・期待，そして実現可能性などを考慮して，根拠のある妥当な目標を設定したいものです．

Plan——P2：目的達成のための手段・方法の決定

Plan の第二の目的達成手段の決定(P2)では，方策・手段への展開，業務標準・作業標準の策定などを行います．目的を達成するために最適な方法・手段・手順を明らかにして，実施者がその最適な方法を適用できるように，作業標準・業務標準・マニュアルなどを準備しておかねばなりません．

こうした標準類は，目的を達成するための実現手段として推奨できる内容を記述したもので，そのとおり実施すれば目的を達成できるように十分に検討されたものであるべきです．この種の標準類は，「目的達成手段を記述した繰り返し使われる計画書」ということになります．

世の中には，目的・目標を示すのみでその達成手段・実現手段を十分に考えていない計画もありますが，これでは計画とはいえず，夢まぼろし，白昼夢とか幻想といったところでしょう．

もちろん，目的が与えられたとき，その目的を達成する手段が誰にとっても明確なら，手段まで指定する必要はありません．もし実施者が優秀で，目的を与えられれば即座に手段を編み出して目的を達成できるなら，やはり目的達成手段まで明らかにする必要はないでしょう．どの程度の詳細さで目的達成手段を明示するかは，実施者の能力に依存することになります．組織で設定する標準類は，それを使う人々の能力にある種のレベルを想定しなければ，まともなものは作成できないことになります．その想定レベルに引き上げるために教育・訓練があるといえます．

PDCA の派生として“SDCA”ということもいわれます．“S”とは“Standard(標準)”ということです．Planのうちの P1(目的・目標)が与えられ，P2(目的達成手段)がすでに明確になっていて，標準(standard)として確立されている状況での管理の方法論の説明によく使われます．日常業務の管理，とくに維持活動では，日常業務の目的達成の手段としての作業標準・手順が確立しており，あらためて「何のために(P1)どのようにするか(P2)」について沈思黙考する必要がなく，とりあえずはその手段を遵守(D)することから始まるような状況を想定してのことです．

Do

Do(実施)においては，まず実施の準備・整備(D1)，すなわち P2(目的達成のための手段・方法の決定)に従って，設備・機器，作業環境を整備し，実施者の能力の確保など，実施の準備・整備を行います．

実施者に対する実行手順の教育・訓練は，目的達成に必要なことを現実に実施できるようにしておくためです．教えればよいのですが，実はこれがなかなか難しいことです．他人に何かを伝えて意図どおりに実施してもらうことの難しさは，誰でも多かれ少なかれ経験していることでしょう．人は自分の経験してきたことに照らして，他人に言われたことを理解しようとします．言った人とそれを聞く人とで経験したことが違えば，同じ言葉の意味するところが微妙に異なってしまいます．だから，なるべく現場で現物を使って教えること，了解した(と思っている)内容を実施者の言葉で表現してもらうことなどが対応策になります．

Do では次に，計画・指定・標準どおりの実施(D2)，すなわち，実施者が

Plan(計画)で定めた実行手順どおりに実施します.

実行手順どおり実施しても良い結果が出ないとき, つまり実行手順が悪い可能性が高いときに, 自分で手順を変えて良い結果を出すことはよいことでしょうか. 管理者はその実施者にどのように対応すべきでしょうか. 手順どおり実施しても良い結果が出ないので自分で工夫して良い結果を出すことは良いことのように思えます. しかし, 私はそうは思いません.

そのむかし私自身がそのような事態を経験しました. ある家電製品の製造ラインの調整工程でのことです. ある作業者が産休に入るので交代することになりました. なかなか難しい調整ですが, その作業者は優秀でした. 交代した人もまた優秀でした. ところが交代直後に調整不良が急増しました. 不良急増の原因を調べてみると, 代わりにラインに入った人は作業標準をきちんと守っていました. 産休で抜けた作業者が標準を守っていたかどうかを調べてみたら, 守っていませんでした. 作業標準どおりに実施すると正しく調整できないので, 自分で工夫していたのです.

これに対し, 製造課長は, 手順の誤りを正して調整してくれていた, 産休に入った作業者を誉めようとしました. 私は,「叱るべき」と言いました. この方は賢い方でしたので, 叱っても大丈夫との確信があってのことです. 悪法も法です. ルールを破ることはよくありません. しかし, 破らなければ良い結果を出せなかったのです. そのことをすぐに申し出るべきでした. そして, 不備のあるルールを正したうえで, 新たなルールに従って実施すべきでした. さもないと, さまざまな業務実施上の良い知恵が, 組織全体で保有・共有すべき知識として蓄積されません. 結果さえ出せれば良いというものではありません. その基盤としての良いプロセスを明日のために獲得しておくべきなのです.

Check

Check(確認)においては, 目標を達成しているかどうかを管理項目(管理指標)の実績値と目標との対比によって確認するとともに, いわゆる副作用, すなわち意図していなかった望ましくない事象が起きていないかどうかも調べます．

Checkにおいて留意すべきことは「事実に基づく」確認を心がけることです．「～となっているはずです」，「～と聞いています」では不十分です．事態が思いどおりに進むものなら最初から確認など考える必要はありません．何かあるかもしれないと思って調べるのですから事実に基づかない限り意味がありません．

アメリカでは“Check”の代わりに“Study(検討，研究)”を使い「PDSAサイクル」ということもあります．“Check”と言われたら，ただ見ただけでオシマイという印象を与え，確認結果に応じた追加調査・分析などまでは含まれないと誤解されることを恐れ“Check”より格好よい“Study”を使うというわけです．見るだけでほかに何もしないCheckには驚きますが，Studyと言うことによって，なぜ確認するのか，何のために情報を得るのかを考える良い契機になるのかもしれません．

私たちは，折にふれ情報を収集し，どのような状況になっているか確認します．業務の中間段階でレビューをします．最終確認もします．何のために行っているのでしょうか．もちろん何らかのアクション(対応行動)をとるためです．次にとるべき行動が，確認した結果に応じて変わると思っているから確認しているのです．アクションを伴わない情報収集はムダであり，何の対応もしないのなら確認の必要はありません．

こう考えれば，Checkしてオシマイということはありえません．ここでのCheck，確認とは，次にどのような対応をすべきかの判断材料となる知見を得ること，すなわち必要に応じて行う追加調査・分析も含んでいます．

Act

PDCAのサイクルのうち，Act(処置)に品質マネジメントの特徴が現れます．経営工学(Industrial Engineering：IE)の分野には，PDSサイクル(Plan：計画する，Do：実施する，See：見る)という本質的に同じ概念があります．品質マネジメント分野ではAct(処置)にこだわりがあるので，“See”を“Check”

と“Act”に分けたといえるかもしれません.

さて，Act(処置)においては，Check(確認)での目標との対比に応じて，特段の対応をしないことも含めて何らかの処置をとります．誰でも行う処置は，管理対象となった案件・ケースについて，とにかくやりくりをして所期の目的を達成できるように対応することです．それは望ましくない現象の解消であり，いまも事態が進行しているなら悪影響の拡大防止となります．これら望ましくない現象の影響を最小にする処置が「応急処置」と総称されるものです.

このように，PDCA サイクルの第一の意味は，現在進行形の案件について，目標との乖離が認識されたら，修正や影響緩和処置など何らかの対応をとって，所期の目的を達成しようとするような，管理対象に対する直接的な目的達成行動です.

PDCA サイクルには第二の意味もあります．PDCA について語られるとき，実はこちらのほうに重点が置かれることが多いかもしれません．それは，現象を好転させるための応急処置とともに，二度と同様の問題が起きないように原因を除去し，将来に備える処置です．この処置を「再発防止」あるいは「未然防止」と称して，ことのほか強調しています．なぜでしょうか.

得をするからです．転んでもただでは起きないというか，学習能力のなせるワザとでもいうのでしょうか，将来に備えることができる好機だからです．再発防止の基本は原因の除去です．結果は原因があって起こります．将来同様の状況になったとき，始めからその原因が除去されていれば，同じ原因での問題は起きません．コトが起きる因果構造を理解し，原因系に手を打っていくことによって，繰り返し行われる管理活動においてそのレベルが上がっていくことが期待できます.

原因に手を打つことによって，主に P2(目的達成手段)の改善につながります．もちろん P1(目的・目標)の妥当性向上，D1(実施準備)の完全性確保，D2(P2 どおりの実施)の阻害要因の除去による確実性向上にもつながります．これらが「PDCA を回す」ということの意義・意味であり，これが「マネジメント力」の向上を促すことになります.

PDCAサイクルの多重性

実は，PDCAサイクルには多重性があります．すなわち，PDCAのActとして，直接の応急処置や影響緩和処置，さらには直接的な再発防止やプロセスなどへの再発防止など，PDCAの次へのフィードバック先としていろいろありえます．

例で考えてみることにします．部品500個の設計・生産を受注して，50個つくったところで材料硬度に関する不具合が発見されたとします．熱処理に問題があったとして，その50個の処理をやり直して所定の硬度となるようにする処置が「応急処置」です．ときにはスクラップ(廃棄処分)にし，部品をつくり直すことが応急処置となります．不良になってしまった50個について，仕様に適合する部品をつくるという目的を達成するための処置となります．

これからつくる450個をどうすればよいでしょうか．確実な熱処理ができるように製造工程に工夫をすることでしょう．不良になってしまった50個を廃棄して新たな部品をつくるときには，この450個に対して行う工夫と同様の処理が必要になります．製造工程のみならず製品設計内容(製品仕様)の変更を行うかもしれません．これらは直接的な「再発防止策」です．実は，このことによって，将来生産する同じ部品に対しても，この問題については再発防止ができていることになります．

ところで，この500個のロットの前につくった同じ仕様の部品の在庫がある場合，その処置はどうすればよいのでしょうか．以前のロットの熱処理に同様の問題がある場合には，その問題の範囲を特定し，回収，再熱処理，廃棄・代替部品製作などを行うことになります．これは影響拡大防止という応急処置といえます．このような処置を的確に行う視点からは，トレーサビリティ管理の仕組みの精度が気になります．やや時間が経過してからの広い範囲にわたるリコールのニュースなどを見ると，トレーサビリティの仕組みの問題以外にも，異変に気づくのが遅れたのか，本格対応着手の判断が遅れたのか，原因分析に手間取ったのか，対応策決定に時間を要したのかなど，品質保証の仕組み全体の脆弱性に懸念を抱いてしまいます．いずれにしても，過去に起こした問題の始末は，取り返しがつかない場合もあり，一般的にはとても厄介です．

話を「再発防止」に戻します．再発防止として，製造条件の変更，製品仕様の変更にとどまらず，もっと広く考えることもできます．そのような不適切あるいは不安定な工程を設計し，工程管理計画を立案し，管理を実施した方法に問題があると考えれば，製品設計，工程設計，工程管理計画，工程管理の方法という業務システムに対する処置も考えられます．これは設計や計画の方法・プロセス・システムに対する再発防止といえます．これらの処置は，まだ問題を起こしていないプロセスや活動要素の改善にも及ぶでしょうから，問題の発生を事前に防いでしまう「未然防止」ともいえます．

再発防止はレベルアップの好機

再発防止とは，起こしてしまった問題を教材にして，いろいろ分析・検討をし，技術やマネジメントの不備の除去，改善の可能性を探り，自分たちをレベルアップする学習の機会と捉えることができます．その意味では，「再発防止」と「未然防止」を厳密に区別するのは難しいかもしれません．一応，再発防止は起きた不具合の原因を除去することによって再発を防止すること，未然防止は事前に原因を除去することによりまだ起きていない不具合の発生を防止すること，と区別することはできます．しかし，「何が再発したのか」の解釈によってその区別は曖昧になります．

厳密な意味での「再発」はありえません．ある時，ある場所で起きた，ある現象は，決して再発しないからです．なぜなら，少なくとも「時」が違いますので，厳蜜な意味で再発とはいえないからです．私たちが「再発」という表現を使うときは，同じような状況・条件における同じような現象，あるいは同じような因果メカニズムによってコトが起きるという意味です．同じ部品仕様で起こるのか，同じ材料仕様で起こるのか，同じ製造条件で起こるのか，同じ製造ラインで起こるのか，同じ設計グループで起こるのか，同じ設計プロセスで起こるのか，同じ設計開発インフラ上で起こるのか，どこで何が起こるのかの捉え方次第で，「再発」の意味も変わり「再発防止」の意味も変わります．

例えば，工程設計プロセスの脆弱性によりトラブルが起きたとします．ある一つの工程設計の経験からプロセスの問題を発見し，将来実施する工程設計で起こるかもしれないトラブルを防止したら，その工程設計案件については未然防止ですが，工程設計プロセスについては再発防止です．品質マネジメントは，何か問題が起きたときに，合理的な範囲で深い層までの処置をとることを勧めています．このような処置をとるためには，現象から原因，それもときには深層に至る因果メカニズムの全貌を理解するための解析が必要で，品質マネジメントに科学的問題解決法が含まれ，そのためのさまざまな手法があるのは，再発防止・未然防止への強い思い入れがあるからです．

ISO 9001 の世界における馴染みの概念として「修正」，「是正処置」があります．修正はここでの応急処置，是正処置はここでの再発防止と同じ概念です．ISO 9001 の以前の版に含まれていましたが 2015 年版ではリスクを考慮した優れた計画という概念に包含された「予防処置」は，ここでの未然防止に相当します．

PDCA で最も重要なのは？

PDCA のうち最も重要なのはどれだと思いますか？　私はこのお題を「当たり前品質」，「魅力品質」の提唱者である狩野紀昭先生に問われたことがあります[8)]．Plan，Do，Check，Act のいずれもそれぞれに重要ですので，どれか一つだけ選ぶのは難しいことです．ここまでの説明から，P(Plan) あるいは A (Act) と答える方が多いのではないでしょうか．私自身は最初 Plan だと思いました．でも，狩野先生は「Do だよ」と言うのです．

目的達成に必須のこと，それはどんなに拙くてもよいからとにかく実施することで，これが基本だというのが理由です．実施しなければ何も始まりません．昔から多くの人が，仕事をしなさいと言われて，とにかく Do-Do-Do でやってきました．P にしろ，A にしろ，また C にしろ，それはみな Do-Do-Do をもっと価値あるものにするための活動だというのです．

その Do においては，まずは計画どおりに実施すべきです．ケースバイケースで局所最適策を求め，解釈によって柔軟に対応する方法を，要領よく賢いと考える方がいますが，組織で業務を行う際の行動原理として，私はお勧めしません．局所最適のルールが全体最適・長期的最適にならないことはよくありますし，何よりもルール軽視の考え方の蔓延がもたらす弊害は計り知れません．

PDCAのDoの説明のなかで，ある家電製品の調整工程で，作業標準が適切でないときに，自分の判断だけで修正してしまう危うさについて紹介しました．そこでは，DoにおけるP2どおりのDoの意義を強調しました．私はそれを「賢者の愚直」，「ABCのすすめ」と言っています．「愚直」はただの愚かではありません．軽薄な小賢（こざか）しさではなく，なぜそう決めているかという根拠を理解し，ルールの意味・意義を知り，愚直に守るということです．

ABCとは，「(A：あ)当たり前のことを，(B：ば)バカにしないで，(C：ち)ちゃんとやる」という意味です．その“こころ”は，

- 当たり前：望ましい結果が得られる優れた方法を知っている
- バカにしない：望ましい結果が得られる理由を知っている
- ちゃんと：やるべきことは誰も見ていなくも愚直にやる

ということです．

目的・目標(P1)のために，目的達成手段(P2)の妥当性(合目的性，合理性)を理解し，これを遵守して実施(D2)するということの重要性を強調してのことです．そして，そのとおりできる人を「賢者」と呼びたいし，こういう方々の行動様式を「賢者の愚直」と称賛したいのです．これこそが組織運営の基盤ではないでしょうか．

応急処置と再発防止のどちらが重要か？

狩野先生の問いかけには，もう一つ「PDCAのActのうち，応急処置と再発防止のどちらが重要か」というのもありました[9)]．

品質マネジメントでは再発防止・未然防止の重要性を説きますので，「再発防止」と答えたくなります．ところが，PDCAでDoが重要というくらいですから，きっと「応急処置」のほうが重要とくるに違いありません．そのとおり

なのです．まるでひっかけクイズのようなものではないかと言われそうです．私もそう思いました．

でも，問題が発生して，いま望ましくない事態が進行している状況を考えてみてください．例えば，火事が起きているとします．その場で火災の原因を追究していると，全部燃えてしまうでしょう．「そもそも燃えるには，酸素，エネルギー，可燃物が必要で……」なんてことを考えている場合ではありません．もっと早く見つけられなかった原因とか，初期消火に失敗した原因を追究している場合でもないでしょう．とりあえず消し止めて，延焼を防ぎ，落ち着いたら，なぜ起きたか，なぜもっと早く発見できなかったか，なぜもっと初期に消火できなかったかを分析して将来に備えるべきです．

クレームでも同じです．とにかくいま目の前の顧客の不都合を解消することが重要です．大切なことは，迅速，的確，誠実な応急処置です．ただ，応急処置だけに終わらせず，将来のためにまともな原因分析をして，再発防止・未然防止を図るのが賢い対応というものです．

事件・事故が起きたときの「レジリエンス」という概念も，緊急対応・影響緩和という応急処置の重要性を物語っています．もちろん，事前の計画においては，さまざまなリスクを想定して目的達成のためにいろいろ備えるでしょう．それでも想定を超える事象や，想定はしていたがマジメに備えていなかったというような事象が起きるかもしれません．そのとき，そこからの現実的な回復力・復元力のような能力，対応力を身に付けたいものです．

3.4　事実に基づく管理——KKD を活かせ

科学的管理

マネジメントの原則に関する次の話題として「事実に基づく管理」を取り上げます．私が初めてこの話を聞いたとき，「ファクトコントロール(Fact Control)」と教わりました．この英語はきっと英語国民には通じないでしょう．“Management by Facts(事実による管理)”とか，“Factual Approach(事実に基づく方法)”とかいうべきです．

表現はともかくとして，要するに，管理・マネジメントは「科学的」でなければならないというのが趣旨です．「品質管理は科学的管理である」とか，「管理は科学的でなければならない」と言われますが，「科学的」と表現することで何を強調しているのでしょうか．

こんな問いかけがお好きな方もいらっしゃるでしょう．「科学の本質は再現可能性だ」と言う人もいます．同じような状況で，同じような因果メカニズムが働けば，同じような現象が生じるという考え方を，森羅万象の理解や物事に対する取組みに適用する方法論です．私も個人的にはこの考え方には賛成ですが，それが正しいことを論証するのは難しそうですからやめておきます．ここでは，とりあえず，科学的とは「事実と論理を重んずる思考・行動様式」という程度の意味だと考えておくことにします．

品質管理が科学的管理であるなら，品質管理において事実を重視することは当然のことです．当然のことなのですが，世の中にはいろいろな方がいらっしゃいます．事実の重要性がわからなかったり，わかりたくなかったり，頭ではわかっているつもりなのに，無意識のうち事実を無視したりと，いろいろです．

かつて良い仕事をした技術部長

かつてこんなことを経験しました．ある工場で品質改善のための議論をしたときのことです．その場に技術部長が同席していて“邪魔”をするのです．製造のスタッフが泥臭い分析を重ね，不良発生の想定メカニズムをいくつか挙げて，明らかになっている事実からそのどれが正しそうかを検証しようと，迷走気味に議論していました．そうしたら，人をバカにしたように，「その不良メカニズムはわかっています」と，滔々（とうとう）と説明を始めたのです．

確かにその技術部長が説明するメカニズムでもその不良現象の説明はできるのですが，現実にそのメカニズムを実現させてしまう原因については当たっていません．その不良の原因は山ほどあります．そのうちの代表的なメカニズムを理路整然と説明してくれたのです．でも，得られている事実・データからは，いま問題にしている不良はそんなメカニズムでは起きていない，と推測できるのです．

それにもかかわらず，偉そうにトンチンカンな対応策を提案します．私は「そんなに明解に説明できる不良が製造の現場ではなぜ防止できないのですか？」と慇懃（いんぎん）にお尋ねしました．わかっているつもりでも，自分の見逃している真実があるかもしれないという，事実・真実に対する謙虚さが不足しています．まさに間違った意味での“頭でっかち”なのです．

私は自分のダメな面を見るようで嫌でした．「先生というものは，自分でできないから仕方なく教えている．自分でできたら大成功をしているはず．学識経験者とか批評家の本質はそんなものだ」と自省しているのに，「この人は……」と嫌悪感を味わいました．

技術部長のなかには，20 年前に技術的に良い仕事をした人がいて，技術の進歩に追従していく若さ，謙虚さ，センスの良さがないと，昔の威光で生き延びようとします．ここに落とし穴があります．起きている事実にもっと謙虚であるべきです．そうすれば，独善に陥って誤った判断をすることもありません．

KKD を活かせ

事実が重要とはいっても，一方では，いわゆるベテランの方々の“カン”が貴重なことは否定できません．そういう方々のなかには，ちょっとしたことだけから，実に的確にメカニズムを推定・想定します．こういうことと，事実に基づく管理の関係をどう考えればよいでしょうか．

品質管理の言い分はこうです．「事実に基づく管理は，KKD のみに頼る管理に警告を発してはいるが，否定はしていない」と来るのです．KKD というのは品質管理村のひどい方言で，「Keiken：経験，Kan：勘，Dokyo：度胸」の頭文字を並べたものです．事実に基づく管理を説明するのに，「KKD にだけに頼らず，調べればわかることは事実を調べよ」と指摘してきました．ここで「KKD だけに頼らず」というところが重要で，事実に基づく管理においては，むしろ KKD を活用することを勧めています．でも，経験→勘→度胸と行くに従い，偉い人にしか適用する権利がなくなるような気もします．

問題の原因を追究するときには，わかっている事実から，何が原因でありそうかを経験や勘に基づいて考えるのが普通です．ベテランや勘の良い人はこのとき実に鋭い指摘をします．でも，これらはあくまでも仮説です．必要に応じて検証しなければなりません．「そう思う」ことと「そうである」ことが異なるかもしれないからです．

この検証をどの程度きちんと行うかは難しいところです．人によっては，事実とデータで明確に裏付けられていなければならない，なんておっしゃいます．とくに SQC(統計的品質管理)の権化は，統計手法を駆使してデータを分析して検証しなければいけないと主張します．元はと言えば私も統計の専門家ですが，かなりいい加減です．「わかっている事実とデータから，問題発生の因果メカニズムをいくつか想定し，これと思う対応策をとってみよう．忙しい世の中だから 2 回まではこれで行こう．もし外れていたら，真剣に新たな調査・実験をして，きちんとデータ解析をしよう」なんて言っています．

ここで重要なのは因果メカニズムの想定ということです．アガサ・クリスティーの小説に登場する名探偵エルキュール・ポアロ流に言えば「灰色の脳細胞を働かせる」です．判明している事実・データからの推論に矛盾しない，その現象が起きるに至る因果メカニズムを想定するということです．うまく説明できないとか，可能性が多すぎるときには，調査・実験をします．

すると先の技術部長も，長年の蓄積による KKD は大いに誇るべきものですが，事実を調べなかったり，事実を無視して，およそ現実とはかけ離れたメカニズムを想定してはいけなかったということになります．

「事実に基づく管理」とは，ときには必要に応じて事実に忠実でなければいけないし，ときには限られた情報だけからの論理的思考によってもっともらしいメカニズムを想定するという意味なのです．重要なことは，想定メカニズムは貴重な考察だが「仮説」に過ぎないということと，この仮説を絞り込むにはほかにはありえないという「論理」や新たな「事実」が必要だということを明確に認識している，という思考・行動様式です．

それが事実のすべてか

事実を把握しているつもりでもさまざまな落とし穴があり，注意が必要です．私たちが事実と思っていることでも，それが事実ではないかもしれないことにも注意しなければならないということです．

事実・データに誤りがあるかもしれませんし，知っておくべき事実のすべてがわかっていないこともありえます．事実が把握できたと思っても，それに誤った解釈をしてしまうこともあります．ときにはウソの報告があるかもしれません．「データを見たらウソだと思え」なんていうひどい格言もあります．とくに数値にしてしまうとあたかも紛れもない正確な事実であるかのように思ってしまうお人好がこの世には大勢います．あまり悲観的なことを言ってはいけないのですが，事実・データに基づいているように見えても，この世は偽善・欺瞞に満ちている可能性があるということです．

そこまでいかなくても，そもそも必要な事実・データ，情報がないということもありえます．獲得しておくべき事実のすべてがわかっていないこともあります．品質マネジメントでのその代表が「潜在クレーム」です．顧客志向の経営を心掛け，苦情・クレームに真摯に向き合おうとしても，受け取った苦情・クレーム以外に，いろいろな理由で，それが表面化していないことがあり，注意しないと市場・顧客の反応を読み誤ります．

確かに，安価な商品であると，不満を感じても，「もう二度と買うもんか！」と固く決意し，親しい友人に「あれは止めておけ」とアドバイスはしますが，上品な紳士淑女であるあなたはクレームをつけないでしょう．苦情・クレームがほとんどないのに，着実に売上ダウン，シェアダウンしてしまい，その理由がわからず悩む，目や耳の不自由な会社は少なくありません．顧客からの苦情がないということがすなわち，本当に苦情・不満が存在しないとは限らないのです．顧客が何も不満を訴えていないだけで，いずれその不満が顧客の減少，リピートオーダーの減少として顕在することになるかもしれません．

組織運営においては，報告されてくることだけが真の姿の全貌を語っていないかもしれないことに注意する必要があります．自分の非や，都合の悪いことを報告しないのは人間として自然な行動ですが，的確な組織運営の観点からは大きな障害です．20 年ほど前に小松製作所の V 字回復を成し遂げた坂根正弘氏は，社長に就任して間もなく「バッドニュース(Bad news)をもってこい．今のうちなら責任を問わない．いわば徳政令だ．だが，ある時期を過ぎたら……」とやって，会社の体質的弱点を強化しようとして，一気に会社の“空気”を変えることに成功しました．「経営の見える化」への第一歩です．

マクナマラの誤謬

「マクナマラの誤謬(ごびゅう)」という格言をご存じでしょうか．マクナマラとはベトナム戦争時にアメリカの国防長官を務めた英才の誉れ高い方でした．この格言は「定量的観測のみに基づいて決断を下し，他のすべての要素を無視すること」という意味を含んでいます．

1960 年代から 70 年代半ばにかけて，南北に分断されたベトナムの統一をめぐって展開されたのがベトナム戦争です．ベトナム戦争は冷戦時代のアメリカとソ連の代理戦争とも呼ばれており，アメリカは南ベトナムを代表して北ベトナムの共産主義者と戦うために，膨大な数のアメリカ兵を送り込みました．この戦争にアメリカが関与している間に，数十万の兵士が死亡し，このうち数万人がアメリカの兵士でした．

これだけ多くの犠牲を払いながら，アメリカはベトナム戦争に敗れています．その原因の一つとされているのが「マクナマラの誤謬」です．マクナマラは「科学的管理法」で知られるテイラーのもとで確立された科学的管理方法を学びました．この経験に基づき，マクナマラは定量的指標を用いてベトナム戦争に勝つことができると考えました．

“Kill Ratio(アメリカ兵の死亡数と敵兵の死亡数の比率)”に着目し，「アメリカ兵の死者数よりも敵兵が多く死亡している限り，軍は勝利への道を進んでいる」と判断しました．しかし，マクナマラは，戦争が両軍だけでなく民間人も関与していること，死をいとわない愛国心などを考慮していませんでした．マクナマラは「測定できないものを管理することはできない」という有名なビジネスのフレーズを用い，自身の考えが正しいものであり，死者数以外の定量化できない指標は「戦争の勝敗とは無関係」と主張し，考察から除外したのです．この結果は広く知られているとおり，アメリカの敗北に終わりました．

3.5　プロセス管理――品質は工程でつくり込め

品質は工程でつくり込め

わが国の近代的品質管理は戦後に始まります．先生はアメリカです．すでに「品質保証」(**2.6節**)で述べましたように，当初，品質を確保する方法の中心は「検査」でした．しかし，検査だけでは品質は向上しませんし，日本流の「もったいない精神」の影響なのか，間もなく1950年代には，製造工程をきちんと管理することによって始めから良いものをつくろうという考え方が広まりました．「品質は工程でつくり込め」という教えです．

1960年代になると，製造工程がいくら整然としていても売れなければ何にもならないという考え方が生まれてきて，真に品質を保証するためには，良い製品仕様をつくることが重要であるとの考えが芽生えました．しかも，製造工程でのトラブルをよくよく分析してみると，その原因の多くは上流工程である生産準備や設計・開発にあることが次第に明らかになり，その後10年ほどのうちに，新製品開発において品質を確保しようという考え方が主流を占めるようになりました．こうして生まれたのが「品質は企画・設計でつくり込め」という教えでした．

「プロセスで品質をつくり込む」という考え方は，合理的な管理の原則に則っとっています．この宇宙では，結果は原因があって生じるという法則が支配しており，結果を左右する原因を管理するのが得策だからです．そのむかし，「臭い匂いは元から断たなきゃダメ」とかいうテレビCMがありましたが，それです．良い結果を得ようと思ったら要因系を押さえよ，問題が起きたらその原因を明らかにして再発しないようにせよ，という教えです．

思考の視界を広げれば，臭い匂いへの対処法には「臭いものにはふた」という手や，消臭剤を使うという手も考えられます．あるいは「金持ち喧嘩せず」

の教えに従って，その場から逃げ出すという手もあります．いろいろな手がありますが，臭い匂いの源を探って元から断つことができれば，これは完璧だといえるでしょう．

だからといって，検査を軽視しないほうが良いと思います．もしも，把握すべき品質特性がすべて明らかになっていて，それをコストゼロで瞬時に検出できる測定・検査機器があれば，検査に頼ってもよいと思いませんか．でも，このような条件を満たす検査法がいくらでもあるとは思えません．たとえそのような理想の検査法があったとしても，出荷品質の確保という点では良いのですが，つくり込み工程の効率が落ちることに違いはありません．

工程で品質をつくり込めとは，何でもかんでも，高い金を使ってでも工程の条件を押さえることによって，無検査でもよいような工程をつくり上げることをいっているのではありません．品質が工程でどうつくり込まれるか，その全貌を知り，現在の技術で最も合理的な方法でつくり込み，あるいは検出すべきだとの教えが「品質は工程でつくり込め」の真意なのです．

プロセス管理

上述してきたように，良い結果を得るためには，その結果を生み出す要因系であるプロセスに着目するのが有効で，これが「プロセス管理」の基本的な考え方です．プロセス管理とは，「結果を追うだけでなく，プロセス(仕事のやり方)に着目し，これを管理し，仕事の仕組みとやり方を向上させることが大切」という考え方に基づくマネジメントの方法です．

図 3.2 は代表的なプロセスの構成を示しています．製造工程でいうと，原材料・部品，作業者の技量，作業方法，手順，製造条件，作業環境，設備・機器の状態などを，良い結果が得られるように管理し，適当なステップで中間製品を確認し必要に応じて処置をとる，というイメージです．

プロセス管理を実際に行うためには，良い結果を得るためにどうすればよいか，すなわち「良品条件」を明らかにしておく必要があり，そのためには「プロセスでつくり込むべき品質」と「プロセスの条件」との関係を知ることが重

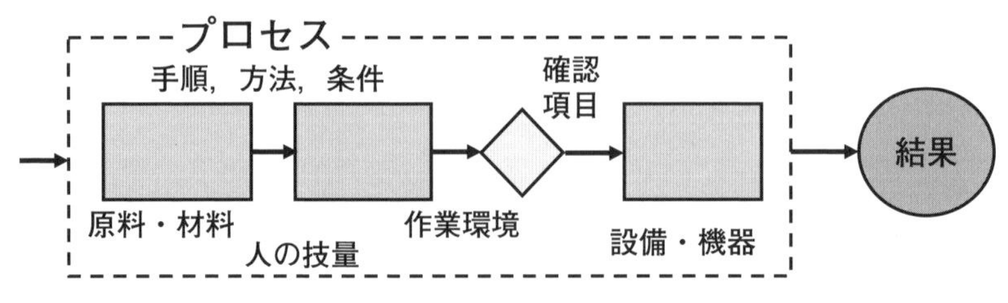

図3.2　プロセス管理

要となります．かつて日本の各工場では，製造工程の管理のために「工程解析」がもてはやされました．それは，工程でつくり込むべき品質(製品特性)と工程の条件との間の関係を明確にするための，統計的手法を駆使した工程の理解・解析で，製造工程における品質管理の中心的活動と位置づけられていました．検査だけではダメだと悟り，10年ほどでこのような品質管理の方法論を現場で使うようにするのですから，日本人というのはなかなかのものです．これが，日本から提案されることになる「QC工程表」(工程管理計画)を生むことになります．

QC工程表――組立工程のプロセス管理

1960年代初め，わが国の品質先進企業は，製造工程の管理から，その上流の生産準備プロセスの充実に取り組みました．重要なのは，工程の設計と工程管理の計画であると認識して，「QC工程表」というツールを生み出しました．

面白い逸話があります．日本の近代的品質管理は，1950年代に鉄鋼，重化学などの基幹産業で展開されます．バッチ生産される製品の特性と操業条件の関係を知り，望ましい条件に維持し，製品特性の変化に応じて操業条件を調節する管理を展開しました．組立産業はその後，品質管理の優等生になりますが，このころ信じ難いことを言ったそうです．「組立産業に品質管理は向かない．これはバッチ生産する製品の品質管理に適した方法だ．われわれの製品は，数多くの長い工程を経てつくり込まれていくから向かない」というのです．

その組立産業から，QC工程表という素晴らしい工程管理の方法が生み出されることになります.「長い工程を経るのであれば,各段階でどのような品質をつくり込み,確認していくのが合理的かを考察し,それに基づく計画をつくればよい.各工程がやるべきことをきちんとやっていけば,最後にはまともな製品ができるはずだ」というのです.至言だと思いませんか.

それから10年ぐらいして,今度は設計・開発者が「設計は,製品ごとに仕様を決めていくという,いわば一品生産であり,量産工程の管理手法である品質管理など使えるわけがない」と言います.でも,それは間違った考え方であり,日本が品質大国になるのは,実に設計プロセスの充実に依るところが大きいのですから,興味深いことです.

誰もが多かれ少なかれ,自分が関わっている業務は他とは異なる特異なものであり,既存の確立した方法論の適用に積極的に取り組むことを厭(いと)います.品質確保の方法論についても同じような“冷静な”判断が闊歩していました.しかし,時代の勢いというのでしょうか,この判断が誤りであることを見事に暴き,原理原則は同じですが,適用分野の特徴を巧みに捉えた,有用な方法を編み出していったのです.「温故知新(故(ふる)きを温(たず)ねて新しきを知る)」とでもいうのでしょうか.現代の私たちも既存の思想・方法論の本質を理解し,時代の要請に適合するように工夫していく度量をもたねばなりません.

工程設計と工程解析

製造に先立って,製品の要求品質を満足する製造方法について,技術的仕様,すなわち“どのようにつくるか”という仕様を決めなければなりません.例えば,以下のような事項を指定します.

- 使用する原材料,部品,ユニット(の仕様)
- 製造方法(工法)が満たすべき操業条件
- なすべき作業・業務の方法
- 検査・監視の方法・基準
- 作業,業務,検査実施の環境条件

初めてということは稀でしょうから,通常は「標準工程設計」を修整することによって製造工程の設計が行われます．例えば，当時，TQC を実践する優れた企業では，製造技術標準として，適度な分類ごとの「標準工順」，重要な単位工程に関する「工法標準」，複数の工法がある場合には「工法比較表」，工法によっては「設備構造標準」などが整理・蓄積されていました．

工程設計にあたっては，「工程解析」すなわち「工程においてつくり込むべき品質特性とそれに影響を与える要因との間の関係の把握」が重要です．これは，工程設計の内容をさらに詳細化して充実させるためにも，QC 工程表(工程管理計画)を根拠あるものとするためにも重要です．「工程解析」は，製造段階における日本の TQC が誇るべき特徴の一つでした．

「解析(analysis)」とはすなわち，「全体の性質を理解するために要素や原理に分解すること」であり，そのためには部分と全体や，原因と結果の関係の把握が必要であり，これを科学的に行うために SQC(統計的品質管理)手法が活用されました．

工程管理計画

工程設計において明らかにされた工程の技術仕様を満たすように，具体的にどのように工程を管理するか，その計画が必要となります．技術的にどうすればよいか明らかになっているその条件を，日常の製造工程において満たし続けるための管理計画を作成するということです．その際，以下のような事項を考慮していました．

- 各工程でつくり込むべき品質：各工程においてつくり込むべき品質特性を明確にする．この品質特性と最終製品特性との間の関係が明確になっていなければならない．
- 各工程における管理基準：各工程でつくり込むべき品質特性に影響を及ぼす要因を明確にし，その管理基準を定める．管理基準は要求品質を満たすようにその管理幅を明確に定める．要因による管理が，技術的あるいは経済的に困難な場合には，結果として得られる品質特性について管理基準を定める．

- 工程の区切りにおける品質確認：単位となる工程が多い場合には，工程の途中にいくつかの区切りを設け，品質の達成状況の確認を行う．
- 検査：工程検査，完成品検査，最終検査などの検査方式を定める．工程が安定している場合には，検査をより簡便な監視方法に切り替えて品質の傾向を把握することも検討する．

読者諸賢は，これらの原則が製造工程の管理に限定されず，ほぼすべての業務管理の原則であることにお気づきと思います．

「QC 工程表」の内容

上述した計画について，製造，とくに組立製品の製造における工程管理計画として，わが国で開発されたツールが「QC 工程表」です．これは，材料・部品の受入れから完成品の出荷に至る工程全体，あるいはその重要な一部の工程について，工程設計に基づいて，各工程で確保すべき品質特性とその管理方法を明らかした管理表です．この管理表は，製造工程全体を通じた品質管理活動の整合性の検討や製造工程の監査に役立っていました．

QC 工程表に記述すべき事項としては以下のものが挙げられます．

- 管理項目：各単位工程が正常かどうかを判断するための項目(つくり込むべき品質特性，それらの品質特性に影響を与える要因や工程の条件を表す特性値などを考慮して決定する)
- 管理水準：目標値，限界値
- 標準類：準拠する作業標準，設備・治工具標準など
- 管理手段：管理に用いるツールと頻度(管理図，チェックシート，チェックリストなど)
- 異常処置：異常報告の基準
- 担当者：管理担当者，報告先

作成にあたって注意すべきことは，妥当な管理項目を選定し，適切な管理水準を設定することです．そのためには，最終製品の品質特性と各工程での品質特性との間，および各工程でつくり込むべき品質特性と工程の要因との間の定

量的関係を正しく把握することが重要です．その意味で，良いQC工程表は充実した工程解析があって初めて作成できるものです．

QC工程表は，組立工程の管理のために考案されました．しかしながら，一連のプロセスをいくつかの単位プロセスの連結とモデル化し，各単位プロセスにおいてつくり込むべき品質特性とその管理方法を定めるという考え方は，製造に限らずあらゆる業務プロセスの管理にも適用可能です．いわゆる事務・販売・サービスなどの業務プロセスについて，QC工程表を作成することによってプロセスを定義し，管理し，改善する活動は，1970年代から試みられていました．

設計プロセスに品質管理は適用できない？

次に，製造工程よりもっと一般的なプロセス，とくに知的業務の質をプロセスでつくり込むためにはどうすればよいか考えてみます．

私が実践的な品質管理に取り組むのは，1970年代半ばからです．共同研究のようなことを始めました．紹介されて行った会社での経験は貴重でした．良質な製品を効率的に生み出すための経営管理の実態を垣間見ることができたからです．

若かった私は，その会社で若く優秀な設計技術者の多くとぶつかることになりました．優秀さゆえなのか，その方々は「設計に品質管理は適用できない」というのです．設計は，新たなものを生み出す，いわば一品生産だから，量産工程の管理のための品質管理手法は適用できないと主張するのです．図面・仕様は一枚一枚すべて異なり，一つの仕様を決めるにも独創性が要求され，標準化とか管理(画一化，統制・統御というような狭い意味です)とは相容れないというのです．

「冗談じゃない．何が独創性ですか．もちろん必要ないとは言いませんが，あなたの設計に本当の意味での“初めて”のものなんてわずかしかないでしょう．どんなに少なく見積もっても80～90％は過去の設計の流用ではないですか．“初めて”と思っているものでも，材料とか動作原理(機能発現メカニズム)は過去の設計で適用したものと同じでしょう．どんなに新規と思っても何かしらの繰り返しがあるし，良い設計を生み出す優れた方法・プロセスというものがあるはずです」

「それじゃあ，飯塚さんは，設計にも製造工程のようなプロセス管理を適用することができる言うのですか」

「はい，もちろん．そのままではだめですよ．設計というものの特徴を踏まえた工夫が必要でしょうけど」

「面白い，その優れたプロセスとやらをつくってもらおうじゃありませんか」

こうなったら引き下がれません．でも私には，その会社の製品や製造方法(工法)に関する固有の技術・知識が十分にはありません．「技術的に優秀で，頭の柔軟な(≒新しいことの本質を見極め試してみようと思う積極性のある)若い方を私の相棒に選んでください」とお願いして若く優秀な相棒を得ました．

設計業務のプロセス管理

こうして共同研究が始まりました．こちらに答えがあってそれを伝えればよいというわけではありませんので，何が問題で何が難しいのか，なぜそのようなことが問題になるのか分析してみなければなりません．そこで，避けることができたと思われる設計変更の分析をしました．設計とは要求・ニーズを満たす手段を指定する仕様を決めることです．それがうまくできなかった理由を分析しました．例えば，要求・ニーズの意味がわからない，実現手段の選択に配慮が不足している，要求・ニーズを満たすような仕様に展開できない，実現手段固有の性質に起因する望ましくない性質に対する考慮が不足している，などいろいろでした．

さらに，なぜこのような不備を引き起こすのか分析を続けました．私には固有技術についての知見が圧倒的に不足していますので，まずは固有技術の視点から，設計不備になってしまう品質特性発現メカニズムを理解するために若く優秀な相棒の助けを借りました．

この分析の過程で，私は重大な知見を得ました．「その分野に固有の技術・

知識が不足していて起きている不備はほとんどない」ということです．鉄という材料を使っていれば，ある条件で腐食します．片持ち軸の回転では，フリーのほうで芯ブレが起きます．金属のプレスをすればスプリングバックが起きます．プラスチック成型では，ある特徴をもった箇所に「バリ」や「引け」ができます．コーナーRが不適切であると，応力集中により亀裂ができます．構造が稚拙だと強度不足や無用な振動が発生します．

このような不具合は，以前にも他の製品設計で何度も経験しているのです．それにもかかわらず，新規だとか独創性が必要とか言われると，「ちょっと待ってください．そんなこと，前に経験しているではないですか．再発ですよ」と言いたくなります．ここで「再発」の意味をめぐってメンツをかけた大激論が起きました．私は，設計開発プロセスでの不具合事例について，管理・マネジメントの面で，どのような不備，脆弱性があったのかを明らかにしようと頑張りました．

こうした分析を踏まえて，私は2つのことが必要だと説得しました．第一は，1回限りに見える仕事にも何らかの意味で繰り返しがあり，そうであるならそれを“管理”するために，繰り返し適用可能な優れたプロセスが必要だということです．

第二は，再利用可能な設計知識の構造的可視化の必要性です．新規，独創性，ノウハウなどを理由に，個人の経験や技術力が決め手であると逃げることなく，ある程度のレベルの技術者が使える，適切なレベルで抽象化した，組織全体で使える設計知識ベースが必要ということです．

その後，少し時間がかかりましたが，第一の点については，優れた設計プロセスが有すべき性質を設計開発管理の原理としてまとめました．これは，知的業務プロセスに内在させるべき特徴といってもよいものです．第二の点については，顧客タイプ別(マーケットセグメント別)の要求・ニーズの構造，機能発現の構造と実現方法，設計仕様の構造化表現，生産技術要素などについての指針，ガイドラインの整備とともに，DR(Design Review：デザインレビュー)やFMEA(Failure Mode and Effect Analysis：故障モードと影響解析)の実効性を挙げる目的で，設計トラブルからの本質知抽出の方法論に取り組みました．

私にとっての「知的業務のプロセス管理」とは，こうした体系，すなわち価値変換・情報変換プロセスと，そのプロセスで用いる知識基盤を整備し，まともなアウトプットを産出できるようなプロセスの構築と運営を意味します．もちろん，このようなプロセスを人間が行う知的作業のすべてについて定義・構築できるとまでは思っていませんが，個人の資質だけに頼るのではなく，組織全体が適用できる「組織知」としたいと考えています．

設計開発管理の原理

私自身が知的業務のプロセス管理について「これではないか?!」という気づきを得るまでの経緯の長い説明にイライラされたことでしょう．ここでは，そのうちの第一の点，すなわち，1回限りに見える業務に対して構築すべきプロセスについて，数百件の設計ミスの状況のマネジメントの側面からの脆弱さを裏返して得た「設計開発管理の原理」について説明します．1980年代初めには，私の頭のなかにその思考形態ができあがっていて，この種の問題の構造を理解しようとするときは，ごく自然に使っていました．

何回か修正を重ねましたが，私自身のなかでほぼ**表3.1**に示すような形に収束しました．個々の事例に適用する過程で多くの改良の余地があることに気づきましたが，まあそれも応用問題として適当に対応してきました．

「抽象的かつ凝縮されすぎていてよくわからない」というのが大方の反応でした．上述した原理は4つからなります．第一はプロセスを定義すること，第二は各単位プロセスにおいて失敗しないようにすること，第三は失敗を早く見つけること，第四は失敗を鮮やかに解決することです．以下にそれぞれについて詳しく説明します．

① 設計開発ステップの明確な定義

1回限りに見えても，何らかの繰り返しがありますので，一連の業務をモデル化して，どのような順序で何をするかというプロセスの流れを決めるのが得

表 3.1　設計開発プロセス管理の原則

① **設計開発ステップの明確な定義**
- プロセスの妥当な流れ
- 各工プロセスの定義：入力，出力，手順
- 役割分担(担当，協力，コミュニケーション)

② **質の高い効率的な業務の実施**
- 抜けの防止
  —計画＝目的＋目的達成手段
  —目的と目的達成手段の過不足なき展開
  —予測と予防：目的達成手段に潜むリスクの予測と対応
- 重点管理
  —難しい仕事・大切な仕事の特定と重視
- 経験の活用・知識の再利用(標準化)
- 難しい業務の容易化
  —考慮事項の抜けの防止
  —関連性の正しい把握
  —妥当な判断

③ **失敗の早期発見**
- 適切なステップにおける評価
- 各ステップにおける妥当な評価
  —評価項目の抜けの防止
  —使われ方(使用・環境条件)を考慮した評価条件
  —合理的な判断基準(使用目的・使用条件・期待の理解)

④ **失敗への迅速・適切な処置**
- 失敗の覚悟(予測，代替案の準備)
- 起きた問題への適切な対応
  —発生した問題の正しい認識
  —要因の特定
  —妥当な対策案の案出(効果と副作用の予測)
  —確実な実施

策です．そして，各プロセスの定義，すなわち，どのようなインプット(情報，もの，状態)から，どのような手順・方法で，どのようなアウトプット(情報，もの，状態)を得るかについて明確にしておく必要があります．さらに，それ

ら業務機能的な側面ばかりでなく，これらの機能を果たす組織・担当，それらの組織要素間の協力やコミュニケーションのあり方についても明確にしておく必要があります.

② 質の高い効率的な業務の実施

第二は，上記①で定義された各プロセスにおいて，失敗をしないような工夫をして質の良い効率的な業務ができるようにするということです．以下に4つ挙げます.

その第一の秘訣は「抜けの防止」に関わる工夫です．計画とは目的を明確にし，その達成手段を定めることですが，この双方について適切な展開がなされ，その構成要素が過不足なく特定されていなければなりません．抜けの防止のために，過去の業務例から抽出した適度に抽象化した知識が整理され，DR や FMEA などの機会を利用して「予測と予防」を具現化できるプロセスを構築したいものです.

その第二の工夫として「重点管理」が必要です．これは限られたリソースで業務を実施するときに最も重要な原理といえます．一人で実施するときは，難しい業務・大切な業務を特定し重視すべきです．ふつうは業務全体の目的・目標を明確にし，それを達成するために必要なタスクを特定するでしょう．このとき，どのタスクが大切で難しいか覚悟を決め，全体の工数見積りをして，どこに力を注ぐか，どこで手を抜くか構想し，まずは難しい部分を何とかするのが良い方法と考えられます．業務開始時に，そのようなラフな「プロジェクト計画」を構想するような仕組みを構築しておくべきです．イマイチだなぁと思う方のやり方は，できそうなところから手をつけて，時間が切迫しているなかで難しい業務に取り組むというものです.

分担して実施するときは，一番忙しい人に，その人の業務優先順位を変えて，難しい仕事を割り当てるという工夫が必要です．「仕事の報酬は仕事」です．優秀な方は，仕事ができるから，金や地位の代わりに，まずは次の難しい仕事が割り当てられ忙しくなるのです．優秀な方に比較的失敗が多いのは，良い組織運営の証ではないかと思うことさえあります．

第三の工夫が「標準化」です．これは難しい業務，重要な業務にリソースを割くためです．内外の過去の知見の活用，知識の再利用で乗り切るような仕組みと知識基盤の構築が良策です．すでにどうすれば良いかほぼわかっていることは，下手な工夫をすることなく，目的を達成できるのであれば，その次善・三善の策を採用し，難しい業務にリソースを集中すべきです．

そして，第四の，難しい業務を「もっとやさしくできるようにする」工夫こそが重要と思っています．私は「考慮事項の抜けの防止」，「関連性の正しい把握」，「妥当な判断」の３つが難しさの代表であると分析しました．いずれも，組織が共有する知識ベースとして整理しておくべきものです．

考慮すべき事項を抜けなく考慮するためには，その“視点”を木構造で展開した形で整理しておくのがよいでしょう．関連性とは，目的・手段関係，因果関係などを意味していますが，これらも木構造，あるいは二元表の形で整理しておくべきです．設計開発で最も難しい関連性の把握とは，製品・サービスに対する要求・ニーズと実現仕様の間の関係の把握です．このための工夫が，日本が1970年ごろに開発したQFD(品質機能展開)といえます(**2.3節**を参照)．妥当な判断についても同様に，評価項目の構造とそれぞれに対する評価の世間相場を整理しておくべきです．この３つは，結局はいずれも「関係性」の理解といえそうで，私たちにとって難しい知的思考というものは「関係の理解」ではないのだろうか，この難しさを克服する工夫を組織の業務プロセスに張り巡らせるべきだ，などと夢想したこともあります．

③　失敗の早期発見

まず，適切な段階での確認が必要です．設計開発においては，むかしから「試作」というプロセスがありました．これは設計どおりのモノを現実につくって，設計の妥当性を評価するものです．設計開発の最終段階に実施していたのでは遅すぎることが多々ありますので，それより前の材料，部品，ユニットなど適当な段階で評価をしたり，CAE(Computor Aided Engineering)を用いてモノをつくらずに評価したり，あるいはDR(Design Review)など机上の検討・評価を行います．これらを設計開発の適切な段階で実施する，ということです．

次に，このような評価ステップにおいて，妥当な評価を行い，検出すべき不具合を的確に指摘することが重要となります．一応は評価ステップが設けられているのにもかかわらず見逃してしまい，設計の不備を下流プロセスに流出させてしまった理由を分析してみました．①評価項目抜け，②評価特性値不適，③評価条件不適，④サンプリング誤差，⑤計測誤差，⑥判定誤り，などいろいろでした．これらのなかで，頻度が多く重要なのが，①，③，⑥で，「評価項目の抜けの防止」，「使われ方を考慮した評価条件」，「合理的な判断基準」についての工夫が必要と分析しました．この３項目は，第二の原理での「難しい業務の容易化」で挙げた「考慮事項の抜けの防止」，「関連性の正しい把握」，「妥当な判断」と同根の難しさです．

「評価項目の抜けの防止」のために，適度な抽象度でのチェックリストや評価の“視点”を準備します．「評価条件」について，私が設計プロセスに興味をもったころ「使われ方」が一種の流行語であったことを思い出します．通常の使用・環境条件でまともに機能する製品を設計するのは当たり前で，その製品のライフサイクルの間に起こりうる使用・環境条件をどれだけ的確に想定しうるかが一流の設計者かどうかを分けるといわれていました．「妥当な判断」とは，この程度の性能や頑健性があれば良いと適切に判断できるかどうかを問題にするものです．設計開発者の価値基準，判断基準と，市場・顧客の判断基準の乖離を防がねばなりません．この手の問題を起こしてしまうと設計者は非常に悔しい思いをします．なぜなら，評価項目，評価特性，評価条件まで適切に設定していたのに，合否判断で誤ったことになるのですから．

④　失敗への迅速・適切な処置

検出できた失敗は，上手に対処しなければなりません．火に油を注ぐような対処をしてしまうことがありますが，そのようなことをできるだけ防ぐ工夫が必要となります．大きくは2つに分類できます．

第一は，こんな失敗をするかもしれないと，漠然とした覚悟を決めておくことです．「これをやったら，どんなことが起こるだろう」，「こんなことが起きるかもしれず，それは厄介だ」，「そのときは，こうして難を避けよう」という程度の覚悟を決めることで十分です．起こりうるすべてのことを予測し，そのすべてに対して対応策を考えておくことまでは必要ないでしょう．もちろん絶対に避けたいことはまともに検討しますが，細かいことまで考察していたら，それこそ「日暮れて道なお遠し」になってしまいます．

目的は，事件が起きたときにパニックにならないことです．あまりに落ち着いていると上司に叱られますので，一応は慌てたふりをしますが，内実は「う～ん，やはり起きたか．それじゃあ仕方ない，次善の策で行くか」という具合です．近い考え方を採用している品質管理手法はPDPC法(Process Decision Program Chart：過程決定計画図)です．学術会議議長も務めた近藤次郎先生考案の手法です．興味ある方はWebで調べてみてください．

第二は，発生してしまった問題に対する適切な処置に必要な事項を挙げています．これらは，いわゆる科学的問題解決法の原理・原則そのままです．問題の大きさや重要性に応じて，これらを適切に実施するための手順，手続き，方法を確立しておくべきです．

知的業務のプロセス管理

こうした考察を経れば，「プロセス管理」という考え方が一般的な業務の質を管理する際にも使えることは明らかです．例えば，事務作業においてミスが発生したとき，「チェックしろ」，「チェックを強化しろ」という方法もよいですが，ミスの原因，誘因，背景要因を明らかにしてプロセスを改善することによって発生率を減少させるほうが有効です．

そもそも何ごとにつけ因果関係を考えるのはある種の頭の良さで，その賢い方法を管理という目的達成行動において適用するとなると，手順，プロセス，業務インフラという，業務結果の要因系を制御することになり，それがプロセス管理にほかなりません．

設計開発などの知的業務は，いわゆる頭の良い人，できる人が担当すればそれなりのレベルで遂行可能ですが，それでは組織全体の知的生産性が上がりません．ミスを個人の責任に帰しても問題の本質は解決しません．業務従事者が能力を発揮できるような，良いプロセス，良い知識ベースを構築したいものです．それが私にとっての知的業務のプロセス管理です．

3.6　標準化――知識の再利用

標準・標準化の深遠なる意味を知る

マネジメントの原則の一つの「プロセス管理」に関して，長々と綴ってきました．要は，管理・マネジメントの主意である目的達成のために，その要因系に注目し，望ましい結果が得られるようなプロセス条件に従って行動するのが賢い，ということでした．そのプロセス条件は繰り返し利用しますので標準化します．ということで，本節の主題は「標準化」です．

「標準」や「標準化」という用語から何を思い浮かべますか．不条理な規制，ルール絶対主義の石頭，マニュアル人間，柔軟性のかけらもない画一化，独創性の敵，多様性の無視などでしょうか．これらはいずれも，標準や標準化のある側面を物語っています．でも，多くの場合，標準や標準化の深遠なる意味を理解したうえで，こうした受け止め方をしているのではないと思います．

標準は，管理・マネジメントにおける「計画」の結果であり，標準化によって「知識の再利用」，「経験の再利用」，「ベストプラクティスの共有」，さらに「省思考」が可能となります．標準の内容は「技術・知識基盤」そのものであるべきです．標準化は「改善の基盤」であり，「独創性の基盤」でもあります．こんなことを言われても，その意味がわからないかもしれませんし，何となくわかったような気にはなっても，にわかには信じ難いことでしょう．

本節では，管理・マネジメント一般では常識である標準や標準化が，目的達成のための方法論一般において広く通用する重要な概念であり方法論であることを再確認します．これまでと異なる視点から考察することによって，標準や標準化に関してもやもやしていた霧が晴れ，一気に視界が開けることを期待します．

標準化＝統一

「標準化」とは「標準を設定し，これを活用する組織的行為」といえます．また「標準」の一つの意味として「関係する人々の間で利益または利便が公正に得られるように統一・単純化を図る目的で，物体，性能，能力，配置，状態，動作，手順，方法，手続，責任，義務，権限，考え方，概念などについて定めた取り決め」といえます．

この説明から，標準化の目的は「統一・単純化」にあることがわかります．統一することによって「互換性」が確保され，ネジ，プラグ，電球のようにどこでも使えるようになります．用語，記号，言語を決めることによって，説明なしで通じて「コミュニケーション」が図れます．特別の説明を要することなく，知識，情報，価値観を「共有」することができます．

私たちは日常ほとんど意識することなく，標準化の機能の一つである「統一」の恩恵を受けています．子供のころ「人は右，車は左」と教わりました．道路を渡るときは「まず右を見て，次に左を見て」と教えられました．これで，日本にいる限りは大過なく暮らせます．海外旅行をして，車が右側を走る場面に遭遇し，世界中同じなら良いのにと思ったことはありませんか．私はその昔アメリカで車を借りたとき，真っ直ぐ走っている間は良かったのですが，曲がったときに反対車線に入ってしまいヒヤリとしたことがあります．何と，車が向こうから敢然とこちらに向かって来るではありませんか．また，大きな道路に出るときに，まず左を見なければいけないのに，右を見て「よし！」と思って出ようとしたら，左から車が来て，ドキッとしたこともあります．車の運転で注意しなければならないのは帰国したときも同じです．大英帝国連邦の国々から帰国したのならよいのですが，多くの場合，意識して頭を切り換えないと危険この上ありません．幸いなことに，信号の「青は進め，赤は止まれ」は世界共通です．国によって異なると，きっと事故が急増することでしょう．

電源プラグで困ったことはありませんか．電気製品を使うとき，電圧とプラグの形状を気にしなければならないのは，世界的に統一ができていないからです．それでも数種類に限られているし，多様性に対応する技術的工夫により何とか克服しています．限定的ではありますが，ある程度の統一が実現されているおかげです．

「単純化」によって，大量生産，効率向上，原価低減，品質向上が可能となります．単純ですから大量につくれますし，単純だから効率が上がり，単純だから安くなるし，単純だから品質が良くなる，というわけです．一般にこのようにして，標準化によって，質と効率の向上を図れます．

ケースバイケース

ところが，標準化など無用だとお考えの方もいらっしゃいます．医療の質・安全に取り組んで間もなくのころ，ある優秀な医師と標準化を巡る議論をする機会がありました．その方は医師として非常に優秀で，知識豊富，迅速・的確な対応策決定，腕前一流でした．でも，マネジメントは軽視していました．そんなものがあっても良い医療はできないというのです．「患者はいろいろで，診断から治療方針決定の思考プロセスを標準化はできません．ケースバイケースなんです．私は外科医ですが，手術で開けてみて初めてわかることが多く，ケースバイケースで対応しなければならないんですよ」とおっしゃいます．

私もやんわりと反論します．「それじゃあ先生，患者がゴマンといたら，治療方法は５万通りですか」

「ここでダジャレとは……」

「スミマセン．で，５万人の次の患者をどう診るのですか」

「それは経験を活かして……」

「ほらやっぱり．先生のケースバイケースは，ただのケースバイケースではないのですね．病態から本質的特徴を認識して，パターン分類をしています」

「そんなこと当たり前です．過去に学んだ法則・教訓を活用すれば，どうすればよいかわかるものです」

現実には紆余曲折があったのですが，ここまでくればこちらのペースです．

「先生は一般化・抽象化能力に優れ，ご自身で類型を認識し，ケースバイケースではなく，タイプ別対応指針を頭の中に構築されているのです」

「そうですかねぇ．意識してませんが」

「それを標準化して若い医師と共有しましょう」

「標準化というのは，何でも一通りに規制しようということですよね」

「いやいや，先生，違います．標準という用語が良くないなら“指針”と呼ぶことにしましょう．学会が作成するガイドラインというのはそういう性格のものですよね」

このような高度な論争を経て，その後もときどき，技術とマネジメントの相補関係，技術基盤としての構造化知識，手術・手技の習得訓練の方法論，研修医育成方法など，標準化というよりは，知識の再利用，ベストプラクティスの共有などについての意見交換が続きました．

標準化，大嫌い！

物事にはさまざまな面があります．標準化もまた同じです．標準化とは，結局のところ統一ですから，窮屈な規制・ルールがあり，自由が束縛され，ルール絶対主義の石頭が闊歩し，決まりきったことしかできない無能集団ができあがる可能性があります．自由な発想が阻害され，その結果として独創性が阻害され，画一的なものの見方が広まり，多様性に対応できなくなり，ものを考えないマニュアル人間が増加することも懸念されます．

ある方がわめいていました．ある国際会議の WG での検討が長引き，まだ少し作業をしなければならないので，休憩と腹ごしらえのために近くのマクドナルドに買いに行ったのだそうです．「マック 20 個！」と注文したら，お店の人に「ここでお召し上がりになりますか，お持ち帰りになりますか？」と聞かれたのだそうです．「腹が減っていることもあったけど，頭に来た．一人で 20 個も食えるわけないじゃないか．だからマニュアル人間は嫌いなんだ！」と．

「そもそも進歩というものは，ルール破りから始まるんだ」とうそぶいている大人物もいらっしゃいます．こういうことを考えても，標準化が手放しで良いこととは思えません．強い口調でのこうした疑問・反論が聞こえてきます．でも実は，これは浅はかな考えなのです．

標準＝目的達成のための実施計画

標準化は，管理・マネジメントについて語るときによく話題にされます．「標準化は管理の手段であり，標準とは目的達成のための実施計画である」ということができます．この表現が抵抗なく頭に入ってくる方は相当レベルの高い方です．

PDCA の Plan のことを思い出してください．Plan（計画）においては，①目的を決める，②目的達成手段を定める，という 2 つのことを行います．このうち「②目的達成手段を定める」という機能は，例えば作業標準・業務標準，マニュアル，ガイドラインを定めることです．その意味で，標準とは，ある目的を達成するための実現手段の実施計画にほかなりません．私たちは，何かしようとするときに「どのようにしてこれを実現しようか」と考えます．この思考の結果を「計画」といいます．ある業務の実施に関わる標準とは，この業務をうまく進めるための計画の内容そのものにほかなりません．

標準化＝知識の再利用

「標準とは目的達成のための実施計画である」と述べました．ある業務を実施するために手順書・マニュアルをつくる理由は，その業務が繰り返し行われるからです．その業務を実施するたびに「どのようにして実施すればよいか」と目的達成のための良い方法を考えてもかまいません．しかし，同じような業務を行うのなら，毎回どうしたらよいかと計画し直すことなく，いつものとおりに実施したらよいはずです．標準化とは，その意味で「計画の簡略化」，正確には「目的達成手段策定の簡略化」ということができます．

例えば，就職して勤務先が決まったころのことを思い起こしてみてください．通勤のために何時ごろ家を出て，どの経路で通うのが良いか少しは考えたことでしょう．通勤時間帯によって，経路を変えるとか，ひと駅戻り始発駅まで行って乗るとか，何両目のどの辺で乗るのが好都合とか，いろいろ工夫をしたかもしれません．帰宅するときにも，移動時刻によって手段を工夫したと思います．しかし，何度かの試行錯誤によって，いまでは眠いとか疲れていて頭がボーッとしていても，とくに考えることなく最適な手段で通勤しているのではないでしょうか．これは，ある時刻に目的地に着くという目的を達成するための，通勤方法という手段を繰り返し適用できるように標準化しているからと考えることができます．

標準と呼ばれるものには，２つのタイプがあります．第一の標準は「決めなければならない標準」です．その目的は「統一による混乱の回避」です．例えば，交通における右側通行・左側通行は原理的にはどちらでもよいと思いますが(いや実は，人間は完全な対称ではありませんので，どちらかが優れているのかしれませんが)，とにかくどちらかに決めておく必要があります．さもないと正面衝突が頻発することになるでしょう．そういえば，沖縄は返還にあたりこの変更を行ったわけで，大変なことだったことは想像に難くありません．

第二の標準は「決めたほうが良い標準」です．このタイプの標準が，いまここで考察してみたい標準です．この種の標準は，経験の活用，計画の簡略化のための標準と言い換えてもよいでしょう．「決めたほうが良い」とは，そのとおりに実施すると効果的・効率的という意味です．すなわち，この種の標準とは，教科書でも，雑誌でも，仲間の経験でも，自分の経験でも，とにかく何らかの形で，「すでに経験して良いということがわかっているモノや方法」という意味です．良いモノだからまた使う，良い方法だから今度もその方法で行うというわけです．繰り返しがありますので，最適を求めてそのたびに思案投げ首で悩むことなく，標準的なモノを使い，標準的な方法に従うのです．

このような標準の活用は，「知識の再利用」，「経験の有効活用」，「ベストプラクティスの共有」，「省思考」といえます．ここで省思考とは，考えることを省く，すなわち，考えなくてもよいことは考えないという意味です．IBM がそう言ったと聞きました．“Save thinking!(考えることを省け！)”です．でも一方で，IBM は“Think!(考えよ！)”と言いました．これは矛盾しているように思えますが，そうでもありません．「考えなくてもよいこと，どうすればよいかわかっていることは考えるな，考えるべきことを考えよ」ということなのです．

経験をして良い結果が得られることがわかっていることを標準に定め，それに従うから，当然のことながら良い結果が得られます．しかるべき本や経験から得られた知識を繰り返し使うために標準を定めておきます．良い方法を関係者が共有するために標準として定めておきます．目的を達成する手段を考えることを省くために標準を定めておくのです．標準化は，断じて，浅はかな画一化などではありません．標準化の極意は，現時点で最適と思われるモノや方法の採用にあり，実施のための計画立案における省思考にこそあるのです．

標準＝技術基盤

先端技術分野の研究者・技術者・管理者，高度な資格を有する専門家，それに大学の先生は，一般に，標準や標準化がお好きではない，いや価値を認めていないように見えます．標準化などしたら自分の存在意義がなくなり，自分の地位を脅かすと考える方もいらっしゃるようです．でも，その考え方は正しくありません．一流の人間は「型」を尊重します．定石を無視せず，これを踏まえて超越します．まさに「守・破・離」です．

本章の冒頭で，品質の良い製品・サービスを効率的に提供するためには，「技術」，「マネジメント」，「ひと」，「文化」が必要だと述べました．ここで「技術」は，標準化の対象となる，品質の良い製品・サービスを生む，あるいは質の良い業務を行うために必要な，目的達成のための再現可能な方法論を意味します．そして，「マネジメント」において技術的根拠のある方法が標準化されます．この意味で，標準とは，質と効率を確保するために必要な技術・知識基盤の，組織が共有すべき，可視化・構造化・最適化された技術・知識コンテンツといえます．

標準化＝改善の基盤

質や効率への取組みにおいて「改善」は重要です．欧米との対比における日本の品質管理の特徴であり，日本製品の品質向上に大きく貢献しました．その基本思想は，私たちが基盤にしている技術もマネジメントも完全ということはなく，常に上をめざしていくべきと考えるところにあります．その改善を進めるときに何が重要でしょうか．改善意欲，改善手法，問題解決法，組織的運営などいろいろ考えられます．どれも重要です．どれも重要なのですが，それでも改善の基盤が標準化にあることを忘れてはなりません．

改善とは，思いつきによる変更の連続ではありません．現状の不備を明確にして，その不備を論理的・体系的に修正することです．このような修正を適切に行うためには，現状がどのように実施されているのか明確になっていなければなりません．いつも異なる方法で実施していると，現状が一定ではありませんし，また現状を記述できません．改善の出発点を明確に記述できないということです．改善（＝変化，変更）と標準（＝一定，規則）は相容れないように思うかもしれませんが，基礎がしっかりしていて，そしてスタートラインが明確であって初めて飛躍が可能となります．

PDCA の Do（実施）において，標準で定められた手順どおりに実施してもうまくいかないとき，自分で手順を変えて良い結果を出すことは良いことか，という問題提起について検討したことを思い起こしてください（**3.3 節**を参照）．家電製品の調整工程での例を挙げて考察しました．ルールを守ることが原則で，ルール・手順の不備に気がついたら申し出て組織的に修正すべきです．ルール・手順に，組織の知恵を標準（良い・正しいモノ・方法）として蓄積し，改善において組織の知恵の実体である標準を変更し組織として成長すべきです．標準とはそのような「成長の基盤」なのです．

標準化＝独創性の基盤

標準化は独創性の基盤となります．「まさか，そんなバカな……」とお思いでしょう．だって，標準化と独創性は相容れないし，画期的新技術開発とも同居できないと思われていますから．でも，まあ騙(だま)されたと思ってお読みください．標準化のもう一つの顔が見えてきます．独創性には何が必要でしょうか．意外なところに重要な視点があります．

質の高い効率的な仕事をするための秘訣を思い起こしてください．新しいこと，難しいこと，重要なことに，リソース(人，時間，金)をつぎ込むことでした．わかっていること，やさしいことに多大な時間を使うのは賢くありません．どうすれば良いかわかっていることについては，考えない(省思考)で良いものを適用するのが賢い方法です．つまり標準化されたモノや方法と知識を使うのです．「標準化は独創性の芽を摘む」という指摘がありますが，それは誤解です．良い結果を生むモノや方法を標準化しておいて，改めて計画する必要性を減らし，その分を独創的な仕事に振り向けるべきです．IBM に“Save thinking!(考えることを省け)”という教えがあることを紹介しました．「考えるな」という意味ではありませんでした．「独創的であるためには，考えずに済むことは考えるな．その分，考えなければならないことをとことん突き詰めて考えろ」という教えです．どうすればよいかほぼわかっていることに，ご自身発案のくだらない工夫を加えて，回りの者を混乱に陥れ，組織全体の仕事の質と効率を落とすことは避けてほしい……，と心から思います．

標準化の社会学

明確には申しませんでしたが，ここまでは，利害が一致している組織内における標準や標準化の意義について検討してきました．少し視野を広げて，組織群，地域，社会，国家，国際社会などにおいて標準化がなされるとどのような現象が起きるのか，その社会学的意義について考えてみます．

ある社会において標準化がなされると，基本的に2つのことを実現できます．それは「全体最適のための統制」と「ベストプラクティスの共有」です．すなわち，第一に，共通化することによって，一部の者は短期的に不利益を被るかもしれませんが，社会全体として，長期的視点での便益を享受するができるようになります．第二に，一部の者が知り得た良いモノや方法に関する知識が，その社会において共有されることにより，その便益が社会に行き渡るようになります．

ある社会が，標準化によって期待できる典型的な便益には２つあります．それは，「安全・安心社会の実現」と「国力・産業競争力の向上」です．まず，社会全体の安全・安心は，市場原理，経済合理性が適切に機能しにくいため，半ば強制的に「良いもの・正しいもの」に誘導することによって実現できるものです．

国の産業競争力は，標準化された「社会基盤」がどれだけ整っているかに依存します．産業競争力の基盤として，社会・経済基盤の活用コストが低いことが重要であり，その基盤は標準化された安価な社会・経済基盤の確立なのです．産業競争力基盤として，安全・安心・セキュリティコストが低いことも重要です．このコストが低ければ，それだけしかるべき分野に資源を集中することができて強くなれます．安全・安心社会を実現するということは，そのこと自体も重要なのですが，実はそれを基盤とする強い経済社会を実現するうえでも重要なのです．標準化は，産業競争力強化のために，直接的な貢献もします．それは良いモノ・良い方法を社会的に共有できる充実した「知識共有インフラ」が確立していて，必要な技術・知識，目的達成の方法論を安価に入手できることを意味しています．

国際標準化の力学

複数のグループの間で標準化がなされると，例えば国際的な「基準・指針」が制定されると，それを「守る必要がある」という制約条件と，自分が未熟でも「良いもの・良い方法を知ることができる」という２つの力学が働きます．国際標準化においては，各国がこの２つの側面の影響をどう受け，その結果としてどうなるか，考察する必要があります．

国際標準について考えるとき，「強さはルールで変わる」ということも忘れてはなりません．強さとか優秀さというものは，当然のことながら，それを測る基準や勝敗を判定するルールによって評価されます．ルールが変われば，強さや優秀さの順位も変わりえます．その意味では，あるルールのもとでの優秀さを追求すると同時に，ルールを(自分に都合の良いように)形成していくという戦略についても考える必要があります．

国際標準化戦略について考えるとき，「グループ間競争では協力的グループのほうが強い」という点に留意する必要があります．一般に，グループ内の競争においては，利己的なほうが有利になります．自分が知った“良いこと”は他人に教えない，他人を出し抜く，他人にできないことをする，というような行動をしたほうが有利になるということです．もちろん，「一部を見せて，周辺・関連領域で優位に立つ」とか「仲間を増やす」というような手もありますので単純ではありませんが，グループ内で標準や指針が広まっていくインセンティブというものは案外少ないものです．

ところが，グループ間競争になると，一般に内部が協力的なグループのほうが有利になります．グループ間の競争に焦点を当てるなら，グループ内のためになるルール・知識を共有し，自身のグループに好都合なルールを他グループにも適用するように誘導したり押しつけるという戦略が正解となるのです．

実は，国際標準化戦略というものはこのような視点で考えるべきです．外交の根幹は，自国が有利になるようにあらゆる手練手管を使うことにあります．国際標準化もまた，自国が有利になるようにあらゆる策を弄して，国際的なルールづくりを進めることであると腹をくくる必要があります．標準化，すなわち関係者が守るべきルールづくりが，実は競争優位要因になることを，現代人は肝に銘ずべきです．ルールを自分の都合の良いルールにするように立ち回ることは，正当な権利なのです．

一つの組織内のマネジメントのあり方の考察からは離れてしまいましたが，標準化には競争力に関わるこのような力学が働くことを理解しておくのもよいことでしょう．

3.7　改善――進化への原動力

改善の意義

私は，人も組織も国も，自己を変えていくメカニズムをもっていなければ，まともに生きていくことはできないと考えています．環境変化の大きさによっては生き残れないかもしれません．良いシステムというものは，内部にシステム自体を改善するためのサブシステムをもっていなければなりません．

品質管理では異様なほど「問題解決」を重視しますが，それは問題の解決というよりは「改善」を重視してのことです．問題は起きしてしまったのですから，ある意味では仕方ありません．解決といっても，うまく後始末するのが精一杯です．それなのに，なぜあれほど頑張るのでしょうか．

過去の失敗を執拗に悔やむことを推奨しているのでないことは確かです．やはり，製品・サービス，プロセス，システムを継続的に改善していくことの重要性を強調してのことでしょう．改善を進めるときに，表面的なことばかりでなく，改善の効果が大きく広く現れるような改善をするためです．

品質の良い製品・サービスを提供するためには，その製品・サービスに固有の技術と，その技術を使って製品・サービスを生み出すマネジメントシステムが必要です．いついかなるときも，こうした技術やマネジメントシステムは完全ではありえません．それゆえに常に改善を怠ってはいけないのです．

優秀な組織なら，これで良いと思えるときを経験するかもしれません．でもそれは，一時的なものです．事業環境，市場が変化して，あっという間に状況は変わります．技術革新が起きて，製品・サービスをつくり出すもっと良い方法が生まれます．変化のことを考えれば，常に最善を求めて改善を積み重ねていかなければ生き残れません．

品質マネジメントでは，この活動を全員が行うことを推奨しています．「全員参加の改善」は，日本の品質管理の特徴の一つで，改善の実践を有効に機能させる枠組みをもっていたのです．例えば，QCサークルが第一線の作業者層にとっての全員参加の改善の場として果たした役割には大きなものがあります．

QC サークル活動を通じて全員参加の場を実現することによって,「全員管理者」を実感し,「私の仕事」を意識し,「プロセスオーナー(私の工程)意識」を高揚しました. QC サークル活動で職場の改善をすることによって, 品質と生産性が向上し, 仕事への自負心も高まりました.

小さな改善をコツコツと続けることの効果に疑問をもつ人もいました. でも, 小さな改善の積み重ねはバカになりません. 何せ, 小さくても全員なのです. しかも頭でっかちでなく地に足のついた改善の積み重ねです. そもそも画期的な革新などそんなに頻繁に起こるものではありません. 堅実なカメは軽薄なウサギよりはるかに強いし, 進歩が速いのです.

改善の基盤——問題解決力

有効な改善を組織的に推進していくためには, その基盤として, 発生した問題の解決能力が必須です.

「問題解決」というと, 言葉の響きからは後ろ向きの小さなことのように思うかもしれませんが, それは視野が狭いといわざるをえません. 私は「問題」を「自分たちの将来までをも考えたときに, いま実施しておかなければならないこと」ぐらいの広い意味と理解しています.「あるべき姿と現実のギャップ」と表現してもよいかもしれません.

さらに私は,「問題解決力」を有しているというのは大変な高い能力の持ち主で, 考えようによっては「マネジメント力」と同等の能力といえるとも考えています. なぜなら, 問題解決力があるということは, 何か起きてもテキパキと片づけて前進できるということで, それだけで積極的な良い仕事ができる基盤になります. マネジメントでは計画が重要です. 問題解決力があるということは, 因果関係, 目的・手段関係, それにリスクを考慮した周到な目的達成のための実現手段を導く能力が優れていることを意味しています.

「問題解決力」とはどんなことができる能力なのか, ページ数の制約もあり, **表 3.2** に簡単に記しておきます. 何を言おうとしているのか十分にはご理解いただけない恐れが大ですが, とりあえず挙げておきます.

表3.2　私が考える「問題解決力」

把握：	その問題の何が，どの程度，どのような意味で問題なのか，その問題がどのような関係者の間のどのような環境・制約条件での問題なのか理解している．
目標：	その問題のどの側面を，どの程度まで改善すべきかについて，ある程度合理的な，明確な目標がある．
目算：	解決に至るシナリオ(実態把握，原因分析，対応策立案，対策の実施の方法など)を描いている．
事実：	問題の実態を事実によって把握している．
調査：	その種の問題が過去にどう解決されたか調査している，あるいは過去の調査結果を知っている．
論理：	問題発生の仮想的メカニズムを論理的に組み立てている．
実証：	調査，実験，解析，論証などにより，仮説を実証して問題発生メカニズムを究明している．
手法：	実態把握，原因分析において，必要に応じ，適切な技法・手法・方法論などを使いこなしている．
対策：	問題発生の因果メカニズムの本質を理解したうえで，現実的な対策案を立案している．
余病：	対策案が引き起こすかもしれない副作用について考察している．
効果：	問題発生メカニズムの確認も含め，対策の効果を確認している．

3.8　人間尊重——品質管理は人質管理

品質管理は人質管理

マネジメントの原則の最後の話題として「ひと」を取り上げます．わが国の近代的品質管理は第二次世界大戦後に始まりました．アメリカの占領政策に必要な通信機器の品質管理がその最初でした．しかし，その後の品質立国日本を支える潮流の源は，日本科学技術連盟や日本規格協会による普及・啓発にありました．先生はアメリカです．1950年から3年続けて統計学者W. E. デミング博士が来日しました．このとき寄付された講義録の印税をもとにデミング賞が創設されました．1951年のことです．1954年にはJ. M. ジュラン博士が来日します．経営における品質の意義についての教えはジュラン博士によるところが大です．その後10年程度のうちに，日本の品質管理は，アメリカから学んだ科学性に，マネジメントにおける「ひと」の重要性を加味した，独特の品質管理へと進化していきます．現場第一線の作業者・事務員による全員参加型の改善活動を展開する「QCサークル」はその代表でした．

日本の品質管理は，マネジメントにおける人間の重要性を指摘し，組織を構成する人のすべてを，マネジメントシステムを構成する無機的な部品，あるいは賃金という代価を支払って買った知的・肉体的能力の保有者として扱うことはしませんでした．そうではなく，品質管理は，人間を，意欲のある，考える力をもった，創意工夫を重ね，問題を解決し，新たな価値を生み出す，不可思議な魅力的存在と認め，正しく処遇することを推奨してきたのです．

「品質管理は人質管理」と言われることもあります．製品・サービスの品質を管理することは，すなわち，その製品・サービスを産出する組織の構成員の質の管理にほかならない，という意味です．品質を決定づけるあらゆる要素，つまり技術も，業務手順も，工程も，設備も，組織運営も，仕事の仕組みも，情報システムも，知識基盤も何もかもが，突き詰めれば人間が企画し，設計し，実現し，運営するからです．「人質」すなわち「人の質」は「じんしつ」と読んでほしいのですが，「ひとじち」と読めてしまうのがご愛敬です．思わずニヤリとさせられてしまいますが，品質管理の極意を垣間見る思いがします．

品質管理において，人は，仕事に主体的に取り組み，自分の職場の問題・課題を解決することによって自分自身を成長させ，より豊かな人生を送るようにすべきであり，そうしたときに，組織としても効率が上がり，何よりも質の良い製品・サービスを提供できるとしています．人の能力を伸ばすための教育・訓練を熱心に実施するだけでなく，問題解決力，課題達成力を高めるためのインフラ整備も重要と説いています．

品質管理界には，よく意味を聞かないとわからない格言が数多くあり，品質管理村の方言などと揶揄されます．上述の「品質管理は人質管理」とか，「後工程はお客様」とか，「KKD（経験，勘，度胸）」とか，「品質は工程でつくり込め」などです．そうした格言のなかに「品質管理は教育に始まって教育に終わる」というのもあります．品質管理においては人が重要で，人の能力を向上し意欲を増すための教育が重要だという意味であることは，特段の説明なくしてもおわかりになるでしょう．もっとも，ここでいう教育とは，いわゆる学校教育，知識教育，知識付与という意味での“education”ばかりでなく，確立した体系的知識の教育，技能・技術・スキルの訓練などの意味での“training”も含み，さらには“OJT(On the Job Training：実業務での訓練・経験)”，“Job Rotation(人事異動，適材適所)”などの人事処遇を通じた能力向上までをも意味しています．

いまでは非正期雇用者が多数雇用される国になってしまいましたが，その昔の日本は終身雇用が常識だったこともあり，企業にとって教育・訓練は十分に見合う投資であり，総力を挙げて人を育て，そして良質製品をつくり出していました．産業構造の変化に対応して人件費を抑えるために現在のような雇用形態が広まったいま，雇用形態を昔のように戻すことは至難でしょう．労働流動性が高くても，産業社会全体としては十分な教育・訓練がなされるようにしていかないと，これからの日本は難しいのかなと思います．

ひと中心経営

「マネジメントの原則」の最後の最後に「ひと中心経営」と題して人間尊重経営について整理しておきます．日本的品質管理の特徴を挙げるなら，第一は，品質に対する真摯な取組み，つまり極めて深い意味での顧客志向の経営です．そして第二は，人の意欲，能力，組織への忠誠などに焦点を当てる人間中心の経営にありました．日本の「ひと中心経営」とはどのようなものだったのか，考察しておきます．

「ひと中心」の根底には，組織のパフォーマンスは人で決まるという考え方があります．良い製品・サービスを提供するためには，なんといっても製品・サービスに固有の技術が必要です．でもそれだけではダメで，固有技術を生かすマネジメントが必要です．それに加えて，固有技術の埋め込まれたマネジメントシステムで考え，動く「ひと」が重要です．どんなに優れた技術やマネジメントシステムがあっても「ひと」がまともでないと良いものはできません．

「ひと」に内在する知識，技能，そして意欲がまともでないと，せっかくの技術もマネジメントシステムも生きてきません．だから，組織を構成する人々に対して，教育・訓練を行い必要な知識を習得し，技能を保有できるようにします．能力向上のための機会も提供します．さらに，人々の意欲を向上するための施策をさまざまに工夫します．教育・訓練の機会そのものがそうですし，改善活動もそうです．経営や管理への参画も士気を高めます．外部との交流，相互啓発もそうです．人事交流や処遇改善なども士気の向上に役立ちます．とにかく，皆が生き生きと働くことによる効果には大きなものがあります．

結局のところ，「ひと中心」という考え方は，マネジメントにあたり，「ひと」の能力を引き出すことの重要性に目を向けよう，ということです．品質の良い製品・サービスには，技術，マネジメント，そして「ひと」が必要だと述べました．この「ひと」は，単にこの3つの要素の一つとしてではなく，技術とマネジメントを補完し超越する能力を有するものとして，とくに重要です．技術的によくわかっていなくても，マネジメントシステムとして不備があっても，それを補い超えることができるのが人間です．

品質達成の車の両輪といわれる，技術と管理の不備を補い，ときに超越してしまうもの，それが人間ということです．だから，単にある業務をこなす能力をもっている「ひと」とだけ理解しているのはもったいないことです．

「ひと中心経営」においては，人間，人間性を尊重します．すべての「ひと」は，程度，型の相違はあれ自己実現を望んでいます．「ひと」を業務遂行マシンとして買うのではなく，人間として丸ごと受け入れ，それぞれの自己実現を支援し，それが組織目的に合致するような経営，それが人間尊重経営だと思います．

「ひと中心経営」においては，個人と組織の関係の円滑化，すなわち個と組織の Win-Win 関係に腐心します．個々人はそれぞれの価値観をもち，したいことがあります．それがある組織に集い，組織目的を達成するために体系的な活動をします．このとき生じるさまざまな矛盾，考え方の相違を克服し，組織として価値観を共有できる経営をすることが重要です．そのためのさまざまな運営の工夫，経営スタイルもまた「ひと中心」といえます．

「ひと中心経営」においてはまた，人の弱さの克服・許容・補完に意を注ぐ経営を行います．典型的な例はヒューマンエラーに対する対応です．例えば，ミスをしたとします．なぜなぜと責められて，自分の存在そのものが根本原因だと心の底から思って，死なないまでもひどく落ち込んでしまうような管理ではやる気が出ません．会社なんて，俺たちを利用して利益を出しているのに，手順に不備があってミスを誘発するような状況をつくっておいて，ミスをするなと徹底的に糾弾されたら，それはたまりません．ヒューマンエラーに対する対応は，ひと中心のマネジメントをしているかどうかもありますが，そもそもヒューマンファクター工学にどれほど精通しているかによって，月とスッポンほども違ってしまいます．

「間違えるお前が悪い」と責め，罰則を科しても事態は改善しません．「人は誰でも間違える」のです．いや「間違えるから人間」といってもよいでしょう．そう達観して，ある程度の間違いをすることを前提にして，「人間中心システム設計」によってミスの起こりにくい，そしてたとえミスを起こしても大事に至らない業務システム設計を行い，改善を続けるようなマネジメントをしていくべきです．

考えてみれば，こうした考え方が品質管理から生まれてくるというのも興味深いことです．でも，普通の人々が集まって，良いモノを効率的につくりたいと考えれば，当然，このような考え方に行き着くのも理解できます．品質管理というのは合理的な実学なのです．

こう考えてみると，ひと中心とは，何とも日本的な，いや東洋哲学的な経営だと思います．短期的視野，限定された範囲での科学的合理性を超えて，非常に懐の深い悠久の経営だなぁと感じ入ってしまいます．

第4章
もつべき組織文化

4.1　組織文化は何年で根付くか

マネジメントシステムに実装すべき要素・側面として，第2章，第3章で述べた品質マネジメントの基本的考え方以外にも，その前提ともいえる「組織文化」があります．組織の風土，文化，体質，価値観などについて，私自身が気になることをいくつか記しておきます．

私は，品質経営の理論と実践に深く関わって来ましたので，その文脈で，組織の文化・風土について議論・考察することがありました．原子力や医療分野では「安全文化の醸成」というような議論をしました．いまでもときどきニュースになる企業の不祥事や事故に際し，そうしたことが起きやすい組織風土についても検討しました．

私が議論をした多くの方は，文化・風土・価値観はもともと確立していて，それに応じたマネジメントスタイルで組織運営していく必要があると主張します．しかし，私は異なる見解をもっていました．組織文化が確立していて容易なことでは変えようがないとなったら，組織運営の基盤を何とかしたいと思っている人にとっては救いようがありません．

私は，多くの専門家と異なり，文化・風土・価値観などは，思いのほか短期間で醸成され組織に根付くものだとの意見をもっています．カギは「習慣」です．組織の仕組み，プロセス，ルールなどを工夫し，それを守り続けることによって，2～3年ほどで，文化とか風土といわれるものが醸成されるものと観察しています．とくに，組織に浸透させたい思考形態・行動様式をさまざまな場面で推奨・誘導する仕組みをつくり，その遵守に固執し続けることが重要であると考えています．

組織の体質・風土というものは，組織運営・業務遂行において，良い思考・行動様式を繰り返すという習慣によって身につくものです．大のオトナに向かって失礼な言い方ではありますが，まさに職業人・社会人としての「しつけ」をすることなのだと思っています．

4.2 不祥事の起きにくい組織

事故・不祥事を起こす組織

私が，組織の文化・風土・価値観に関心をもつようになったのは2000年ごろです．契機は2つありました．一つは，JCO臨界事故(1999年)，山陽新幹線トンネルコンクリート落下事故(1999年)，引き続く医療事故(1999～2000年)のさなかに英文紙の取材を受けたことです．「品質大国日本」はどこへ行ったのか，その見解を聞かせてほしいという依頼でした．もう一つは，講演準備のため一連の事故・不祥事の発生について分析したことです．そして，数々の不祥事の事案を見るに，そこには共通の特徴があるように思えました．

結論に至る私自身の思考の経緯は省きますが，事故・不祥事を起こしやすい組織には，多かれ少なかれ次のような4つの特徴があると考えました．

① 内向き
② 内部コミュニケーション劣悪
③ 属人的意思決定
④ 希薄な思想・哲学

以下にそれぞれについて私の考えを述べます．

① 内向き

「内向き」とは，思考・行動様式が，組織内部の価値観重視，利己的で，外部から何を期待されているか，どう見られているかにあまり意識が向かないという意味です．逆に，優れた組織は「外向き」だと思います．それは外部に迎合するとか，自分という軸がないという意味ではなく，自律していて，かつ周囲の環境のなかで自分が何を期待されているか問い続ける組織風土という意味です．

克服への一つの対応策は，外に対して開くことで，透明性の確保，積極的な公開・開示，説明責任意識，IR（investor relations：投資家向け広報活動）の重視などです．もう一つは，外部の血を積極的に入れることで，人事において価値観の異なる人材を積極的に登用するとか，見識ある社外取締役を採用するなどです．

②　内部コミュニケーション劣悪

「内部コミュニケーション劣悪」とは，組織内部の上下・左右のコミュニケーションが悪く，おかしなことが起きても見逃されやすいということです．優れた組織は，風通しの良い，自由闊達な意見を言える風土を確立しています．

まずは，組織内部の透明性の確保に力を入れるべきで，それにより情報共有，価値観共有が進みます．さらに，意見を表明しやすいコミュニケーションルールを確立して，建設的な批判が自由にできるようにすべきです．

③　属人的意思決定

「属人的意思決定」とは，意思決定にあたり，妥当性・合理性よりも，誰が何を考えているかに左右されるという意味です．社長や会長の顔色を窺って，事実や論理に反する意思決定を容認してしまうような組織風土です．

この手の組織の病巣は深く，経営層がおかしなことになったとき抑えが効きません．ワンマン社長にモノも言えず，「唯々諾々文化」が蔓延し，「見ざる言わざる聞かざる」，そして「考えない組織」は危険このうえありません．ワンマンになる理由は，ある種の優秀さにありますので，狂ってきたときにそれを抑止するのは容易ではありません．でも，権力は腐敗しますし，どんなに優秀でもだんだん周りが見えなくなって判断を誤るようになるのが人間というものの常です．組織には階層がありますので，たとえ正しいことでも，上にモノを言いにくいという現象が多かれ少なかれ起きます．

これを打破するのが，事実重視，「たとえ誰が何と言おうともクロはクロ」という原則の浸透です．また，上に立てば立つほど，指示事項の根拠を説明すること（説明責任）を心掛けるようにすべきです．さらに，トップが狂ったら首を切れるような組織構造を工夫するのも手です．家老に政治をやらせ，番頭に経営をやらせ，殿様やオーナーという別系統の諫言する人や人事権者を置くという方法は昔から使われてきました．

④　希薄な思想・哲学

そして「希薄な思想・哲学」とは，いわゆる組織のDNAと言われるような，真っ当な価値基準や行動原理が確立していない組織という意味です．家訓，社是，理念，○○ Wayなど，組織が重視する価値観，思想，行動原理が確立していないと，いざというとき軽薄な合理主義が頭をもたげ，判断を誤り，そしてその判断の誤りを修正できなくなります．

企業は，哲学者の集まりでも宗教集団でもありませんが，何らかの行動をするときに，事細かな理屈を抜きにして遵守すべき基本的考え方や行動原理を定めておくほうが間違いありません．すべてを考慮して常に正しい判断をすることは一般に難しく，そうであるなら，深く考えずに従ってしまう真っ当な思想や行動原理を決めて，自然体で行動できるように浸透させておくのが得策です．

事故・不祥事は起こしてはいないけれど……

事故や不祥事には至っていませんが，それでも「いかがなものか．お気の毒に」という組織を垣間見たことがあります．

例えば「学習能力不足」です．同じような失敗を懲りずに何度も繰り返す組織です．謙虚さが不足しているのか，類型を認識したうえで得られた知見を敷衍（ふえん）し自らの言動に活かすという抽象化能力が不十分といいましょうか，「他山の石」とか「人のふり見て我がふり直せ」という教えが通用しにくい組織ということになります．

「極めない企業」，「根性なし企業」というのも気になります．何らかの問題・

課題が生じたとき，その原因究明や対応策検討において，とことん追究せずに適当なところで手を打ってしまう組織です．もちろん，投資と回収という概念からいえば，出来ないことや出来そうにないことに多大な資源を投入するのは賢くはありませんが，実現可能性について常識的な検討もせずに諦めてしまうのは，いかがなものかと思います．

「他律的組織」というのもあります．何らかの判断をするときに，自らの価値基準がないとか，判断軸がブレる組織です．何か決めようとするときに，参考事例を常識的レベル以上に求めそれに従おうとします．決断を先延ばししたり，提案を却下するときの理由の多くが「先例がない」というものです．決断に際しては多かれ少なかれリスクや不確実性を伴うものですが，これを克服できる見識や度胸，あるいは確固たる価値基準がない組織です．これが個人レベルに蔓延してくると，受け身，消極的，当事者意識不足，熱意不足の組織となります．

その結果として，上述した「③属人的意思決定」にもつながります．もっともこのような組織には，何らかの意味で優秀な，それゆえに強いリーダーシップをもった上層経営管理者がいて，中間層やフロントラインがいろいろ考える前に強烈な指示が来るので，むしろ待っているほうが無難で効率的，ついには上役の顔色を窺い，考える習慣を捨て，問題意識・改善意識の薄れた組織に変貌していくことになりかねません．

「不透明企業」というのも気持ち悪いものです．上述した「②内部コミュニケーション劣悪」にも通じます．もちろん組織運営においては，何もかも開示して進めるわけではありませんが，組織が価値観を共有し一丸となって進むためには，守秘にする必要や理由のない事項は関係者が知っているという状況をつくり出すほうが得策です．決められたこと，いま進められていることの理由や根拠は組織構成員の多くが知っていて当然です．

「ガバナンスの効いていない組織」も，好ましくありません．組織で仕事をしているのですから，組織構造に従った指揮命令系統が機能し，業務の進捗や結果がしかるべき職制に伝達され適時適切な対応がとられていなければなりません．組織運営のために決めているルール類を守って，適時適切に業務を遂行すべきです．社会人，職業人としての「しつけ」の問題といえるかもしれません．

求められる健全な組織体質・風土

こうした事例を反面教師にし，また優れた組織の特徴を確認して，いま求められる健全な組織体質・風土がどのようなものか探ってみます．いろいろ考えられ，過不足は多々ありそうですが，「求められる健全な組織体質・風土」として，以下の事項を挙げておきます．

① 正しさ

- **公正**：公正性，職業的正直さ(professional honesty)，職業倫理(professional ethics)

  どのような誘惑，どのような圧力があろうとも，これらに屈せずに行動できる．

- **合理**：合理性・妥当性の認知・推奨

  目的達成のために道理にかなった方法・手段を適用する．考慮の対象が妥当であることを十分に認識したうえで思考・行動できる．

- **事実**：事実の重視・尊重，科学性

  事実(事の真実，本当にあった事柄)を尊重し重視する．

- **賞罰**：信賞必罰

  正しいことをした者はきちんと評価し，正しくないことをした者には，そのことを指摘し，正しいことができるように仕向ける．

② オープン

- **透明**：透明性，説明責任，企業統治，問題・課題の明示

  これから実施すること，実施の経過や結果について，関係者に対して諸事を開示する．

- **外向**：外向き，他者の目，ベンチマーク

  外部の他者からどう見えるかに関心をもつ.

③ 共　有

- **情報**：コミュニケーション

  情報の共有，良好なコミュニケーションを心がける.

- **思想**：価値観共有

  何に価値を認めるか，善悪や好ましさなどの価値を判断するときの基本となる考え方や物事の見方，評価にあたっての根本的態度・見方を共有する.

- **分担**：責任・権限・説明責任，役割・分担の明確化

  情報や価値観の共有により，組織的な活動に必須の役割・分担を明確にする.

④ 賢　さ

- **本質**：本質の理解，本質知の抽出，知識の再利用

  知り得た状況や情報の本質を理解し的確に対応できる能力や，そうしようという心がけ.

- **継続**：成功するまで止めない

  続けるべきことをコトが成るまで続ける．状況変化に応じてなすべきこと変えながら続ける.

- **目的**：目的志向，目的は何かを自問

  目的志向の思考・行動様式．行動をするときに，まず目的を考え，その目的達成を重要と考え，また目的達成の手段を考察したうえで行動する.

- **反省**：PDCA，一流の反省，未然防止

  経験を振り返り，将来に活かす.

⑤ 愚直(真理追究型ハングリー精神)

- **徹底**：極める，徹底的にやる
  何ごとも，目的が達成されるまでやり遂げる．よくわからないことがあったら，それが何であるか，なぜそうなのか，わかるまですぐに調べ尽くす．
- **積極**：前進，前進，また前進
  「前進，前進，また前進」という精神構造．「挑戦」と「スピード」．
- **改善**：問題意識，改善意欲，工夫
  日本的品質管理のお家芸ともいえる「改善」．
- **因果**：メカニズム，根拠，深い分析
  物事の因果関係を考察する．
- **本質**：一般化，抽象化，仮説(モデル)，目のつけどころ
  物事の枝葉末節を取り払い，再利用可能な知見を得る．
- **賢者の愚直**：ABCのすすめ
  当たり前のことを，バカにしないで，ちゃんとやる．

⑥ 自　律

- **定義**：要件定義，仕様
  自らが「○○はこうだ，○○はこうする，○○とはこういうことだ」と決める．
- **企画**：コンセプト提示，計画
  かくあるべしと概念定義，製品・サービス企画について方向を示し提案する．
- **価値観**：価値基準，価値尺度
  自らの妥当な価値観・価値基準をもつ．
- **責任**：自己責任，リスクをとる，挑戦
  自己の責任をとる．何かコトを起こすときリスクをとる．挑戦する．
- **自律**：○○依存からの脱却

独自の価値基準，リスク・責任，挑戦・提案・定義，リーダーシップ，パイオニア．

- **変化**：変化への対応，コアコンピタンス，自律
  変化に対する自律的対応．

4.3　望ましい組織文化あれこれ

リスクベース思考

ISO 9000 シリーズ規格の 2015 年版で流行語になったのが「リスクと機会」です．ISO の世界で「リスク」がトレンディな概念となる伏線は，2009 年発行の ISO 31000(リスクマネジメント)でした．その後「リスク」という用語が国際規格に多用されるようになりました．

ISO 31000 による「リスク」の定義は「目的に対する不確かさの影響」です．一般的な辞書にある意味・説明とは異なり，プラスの影響もマイナスの影響もどちらもリスクと定義しています．

ISO 9001 と ISO 14001(環境マネジメント)はこの定義に困惑しているように見えます．ISO 9001 では，マイナス側のリスクのみに関心を寄せるとしています．ISO 14001 では，「リスク」に ISO 31000 と同じ定義を与えつつ，「リスク及び機会」を一つの用語として「潜在的で有害な影響(脅威)及び潜在的で有益な影響(機会)」と定義しており，影響のマイナス側を「リスク」，プラス側を「機会」と扱っています．

2015 年版の ISO 9001，ISO 14001 には「リスク及び機会」という句が頻出します．私にとって，「リスク」と「機会」というのは実に妙な組合せです．リスクは「目的に対する不確かさの影響」です．機会は「意図した結果を達成するための好ましい状況」です．「影響」と「状況」をペアにして，そこにプラス／マイナスのイメージがつきまとう不思議な組合せです．私なら，**表 4.1** のような構造・用語を考えます．

「リスクマネジメント」規格 ISO 31000 によって普及した「リスク」の概念，そして ISO 9001，ISO 14001 などが強調する「リスクベース思考(Risk-based

表4.1 「リスク」と「機会」の再考

	プラス	マイナス	マネジメント
不確実性の影響	幸運 Luck	リスク Risk	不確実性管理 Uncertainty Management
環境条件・状況	機会 Opportunity	脅威 Threat	状況対応管理 Situational Management

thinking)」は，計画において考慮すべき当然の視点ですが，変化の時代の経営においてその重要性を再認識すべきです．だから，ISO 31000では「リスク」の意味を，単なる「危険」というような意味ではなく，計画策定における想定を現実的な範囲で広げるために，「目的に対する不確かさの影響」と定義したのではないかと推測します．ISO 31000の用語法に対しては，個人的には上述したような意見がありますが，規格の意図はよく理解できますので，その思想を少しでも広めたいと思います．

■想定外の最小化

それにしても，「リスクベース思考」は，不確実性の時代の目的達成行動における考慮の範囲と深さを増すことを促す巧みな用語だと思いませんか．目的達成行動において，計画段階では，目的・目標とその達成手段・方法を決めます．計画にあたっては，状況に関わる前提・想定をして，その枠組みのなかで何を目指しそれをどう達成するか考えます．

ところが，その前提や想定が正しいとは限りません．環境条件・制約条件が想定と異なってしまうかもしれません．考慮すべき事項に加減があるかもしれません．こうした前提・想定をどこまで考慮するかによって「計画の質」が変わってきます．あらゆる可能性を考慮することは現実的ではありませんが，想定範囲はある程度は広くしておき，その想定を超えたときどんな対応をするか，おおよその心づもりをしておくべきでしょう．

こう考えてみると，「リスクベース思考」とは「計画における想定範囲を広げる思考方法」であり，計画において，考慮の範囲を広げること，すなわち「想定外の最小化」を推奨しているといってよいでしょう．

例えば，目的設定においては，前提・制約・状況などによって，設定した目的が意味のないものになるとか，正しくなくなることがありえます．社会の価値観の変化，市場ニーズの変化，技術革新，組織の方針の大転換，競合の動きなどによっては，目的の妥当性を再考すべきです．目標についても，状況に変化があった場合に，その到達レベルが適切か，達成手段の有効性に影響を及ぼし未達あるいは過達になる可能性はないかなどを検討しておく必要があります．目的達成手段・方法についても，状況の変化によってその手段・方法を適用できるか，使えるにしても因果関係に影響し，手段・方法の効果・影響の仕方が変わらないかなどを考察しておく必要があります．

計画立案時にこのような思考ができるためには，過去の目的達成行動における経験などから，どのような状況(前提，制約，環境条件など)が，因果関係や目的・手段関係にどのような影響を及ぼすか，ある程度の知見をもっていなければなりません．再発防止策，是正処置を導くための原因分析はその好機でもあります．きちんとした分析ができていれば，それを次の計画立案のときに使えます．予防処置，未然防止といわれるものがそれです．「このような状況で，このような目的を達成しようと考えて，このような目的達成手段・方法を講じると，こんなことが起こりうる．だったら，このような計画にしよう」というわけです．

仕事の報酬は仕事

「飯塚くん，仕事の報酬は仕事なんだよ」 JABの前理事長の久米先生のもとで助手として勤務することになったときに言われた言葉です．「飯塚くん，一つ話しておきたいことがある．それは『仕事の報酬は仕事』ということだ．良い仕事をすると，その報酬として次の仕事が来るんだよ．君にはいろいろやってもらいたい．研究室の運営，学科・学部の業務，学生の指導，君自身の研究業績などだ．忙しくなるだろうね．何やかやと，かなりの負荷をかけることになるが，音を上げることなく勤めてほしい……」とまあ，こんな具合でした．

「良い仕事をすると，その報酬は次の仕事だ」と言われたらどう思いますか．良い仕事をしたらそれなりの金銭的報酬を欲しいと思いますか．少なくとも称賛とまではいわないまでも認めてはほしいと思いますか．すぐにとは言わないけれど，地位とか名声とかもついてくればよいなぁと思いますか．そうしたホンネ(？)をグッと押し殺して，仕事の報酬としての次の仕事の依頼・要請に笑って応えられますか．このような文化を受け入れる人々からなる組織でありたいなぁと思います．

実は，私もこの言葉をよく使います．人に頼みごとをするときはいつもこれです．「私は信用できる人にしか仕事を頼みたくない．これまでの働きを見て，頼むのはあなたしかいないと信ずる．私にとって，あなたは『余人をもって代え難い』人なんです」とまあこんな感じです．「飯塚さんはうまいこと言いますね．誉めておいて仕事を押し付けるのですから」なんて，しぶしぶ引き受けてもらったことが何度もあります．でも私には，誉め殺しで仕事を押し付けようなんていう感覚はありません．マジにその人にお願いしようと考えていて，「余人をもって代え難い」と言っているだけです．

■忙しい人に仕事を割り当てる

限られたリソースで高いパフォーマンスをあげるための秘訣は，忙しい人に，その人の仕事の優先順位を変えて難しい仕事を割り当てることです．忙しい人には優秀な人が多いものです．ただし，忙しがっているだけの人は別です．優秀な人は，仕事ができるから，金や地位の代わりに，次の難しい仕事が割り当てられるから忙しいのです．優秀な人に比較的失敗が多いという現象もあちこちで観察されます．優秀な設計者，構想設計者の多くがそうではないでしょうか．私は，野球というスポーツ(の観戦)が好きですが，負け数の多い投手はエライと思います．登板機会が多く，監督やチームの信頼が厚いということですから．

このような難しい仕事をする方々には，「仕事の報酬は仕事」ではあるのですが，次の仕事以外の報酬のこともマジメに考えたいと思います．優秀な方には，短期的には「仕事の報酬は仕事」と煙に巻いてもよいかもしれませんが，中長期的には何らかの報酬を考えるべきです．そして，報酬を考えるのであれば「仕事の価値」に対して報いたいと思います．

■仕事の価値とカネ

仕事の価値に対する考え方には2つあると思います．第一は「仕事が生み出す価値」です．効果の大きな仕事は価値が高いといえるでしょう．代替手段がないとか希少であると，やはり価値があるといえそうです．第二は「価値を生み出すための原資」に対する配慮です．膨大な手間がかかるとか，入手コストが高価な有形・無形の資源が必要なときには，第一の意味での価値が低くても，その仕事にはそれなりの価値があると判断してよさそうです．

私たちは経済社会に生きていますので，「カネ」にはある種の感情を呼び起こされます．誰もが多かれ少なかれ「カネにうるさい人間」になりうることになります．そういう方々には，少なくとも次の2種類いるなぁと感じます．

- 仕事の価値に対する評価に敏感：能力評価・実績評価における評価尺度としてのカネ
- カネがすべて，カネこそ命：カネが欲しい．金額でしか評価できない．

第一は，仕事の価値の評価尺度としての報酬に鋭敏で，実績の評価，また将来発揮すると期待される能力レベルの評価尺度として重要と考えるがゆえに，カネにうるさくなるということです．私たちに馴染みのある例は，プロスポーツ選手の契約金・年俸の交渉です．私たちにすれば法外ともいえる高額なのに，何でそんなに頑張るのだろうかと不思議な気もします．しかし，自分の業績，能力を不当に低く評価されるのは自尊心が許さないとか，同業の他の方々や後に続く者に道をつくるという意味もあって粘り強く交渉するのかもしれません．第二のほうは，単にカネが欲しい，カネがすべてで，価値というものをカネでしか評価できないと考え，カネにうるさくなる人々です．

確かにいろいろな意味でカネは重要なのですが，カネで測れないものがあることを忘れたくありません．信用される，信頼される，感謝される，誉められる，必要とされる，再びお願いされるなどは，その人の仕事の価値を如実に表していると考えられます．すると，短期的視野や即物的視点で金や地位を求めるのとは異なる価値基準があってもよいと思ってしまいます．そのままずっと金銭的に不遇であることは，滅多にないことなのですから．

■人は何に従うか

そういえば，話の筋が少しずれてしまうかもしれないのですが，人を従わせるための手練手管，少し危うい言葉を使うなら「権力の構造」について考えてみるのもよいかもしれません．下策から順に挙げると，以下のような方法があるものと考えられます．

① 威嚇（いかく）・脅迫
② 報酬・利益誘導(金，地位・権力，利権)
③ 認知・報奨・賞賛
④ 正義の説得
⑤ 自発・条件付け(宗教，忖度（そんたく），自発的正義感)

「カネ」は，下から2番目に位置づけました．人を動かすときに，カネというのはあまり美しくない方法，別の表現をすれば，あまりにも人間の原始的欲求に訴える手段なのだと再認識したからです．③は，訴えかける欲求のレベルという点で微妙で，誉めて躍らせるという感じです．でも，自己の思考・行動がプラス側で認められる(recognize：認知される)ことがモチベーションになることは再認識しておきたいです．④は格好よいですね．正義を説いて，それを理解して動くということですから，報酬とか認知とかがなくても「正しいこと」を実施すべきだという価値観をもっている人でないと通じません．⑤を最上位に置きましたが，「諸刃の剣」的な危うさも感じます．直接的な説得・誘導がなくても，そうすることが正義であると勝手に認識して，ときに命をかけて自発的に行動してくれるのです．その意味では，宗教は最強の権力ではないかと思います．でも個人的には，最高と思うことはできません．

ある経営者がこんなことを言っていました．「かなりの赤字を出しても倒産はしない．でも一度の倫理規範違反で再起不能に陥る可能性がある．社員にもっていてほしいもの，それは『高潔な倫理観』なんです．信用・信頼を失うことは断じて避けなければなりません．倫理観に欠ける人や組織とは一緒に仕事をできません．パートナーにはできません．保つべきものは，信用，信頼，認知，尊敬なんです」とのことです．そして，自社の社員には「高潔な倫理観」に加えて「高い志」と「仕事に夢をもつ」ことを求めたいとも言っていました．処遇に対して「wage 感覚(したくないことをする代償という感覚)」ではダメで，経営者としての自分には，そんな感覚ももたせない組織運営をする責任があるということでした．

■仕事の報酬

とはいえ，報酬が重要であることは間違いありません．報酬に恵まれなければ“良いこと”をするのは難しいでしょう．レイモンド・チャンドラーが生み出したハードボイルド小説『プレイバック』の最後で，探偵フィリップ・マーロウが，作中のヒロインから「あなたのように強い人が，どうしてそんなに優しくなれるの？」と問われて，「タフでなければ生きていけない．優しくなれなければ生きている資格がない」と答えています．原文は“If I wasn't hard, I wouldn't be alive. If I couldn't ever be gentle, I wouldn't deserve to be alive.”です．強くなければ他者に対して優しくなれない，豊かでなければまともな人間になれないということで，そうなんだよなぁ，と妙に納得しました．逆は「貧すれば鈍す」でしょうか．貧しいと良い知恵も出てこないし，心も貧しくなりやすく，犯罪が増えるというのも，悲しいかな歴史的事実です．

このように貢献へのリターンとしての報酬は重要なのですが，それ自体をせっかちに求めるのではなく，結果として得られるものだと考えるのがよいのではないでしょうか．投資と回収の関係というか，回収までにはタイムラグがあるのが普通で，しかもビジネスモデルの視点から巡り巡って返ってくるものだと達観しているのがよいように思います．

貢献に対する評価が的確・迅速にいくとは限らないが，長い目で見れば順当なところに落ち着くというのは人事でも同じだということを，ある人事担当者から聞いたことがあります．まだ終身雇用全盛の時代で，ずいぶん前のことだったのですが，その喩えが非常に面白かったので今でも覚えています．透明な箱を砂で満たし，その中にピンポン玉を入れて揺すると，しかるべき玉がだんだん上に上がってくるように，個別の貢献に対するリターンはいろいろだが，長い目でみれば理にかなっていて，紆余曲折はあるがしかるべき人が上がってくるものだ，というのです．実力というものは，そう簡単にはわからないもので，順風，逆風，神風といろいろな条件のもとでどう行動してきたかの集積なのだというのです．もちろん運・不運というものがあるでしょうが，20年も見ていればそれ以上でも以下でもない素の人物像が現れてくるという，ある意味では恐ろしい話でもありました．

説明責任

1990年代後半のことですから20年以上むかしのことになります．TQCからTQMへと呼称変更があり，経営品質，組織の質，経営の質などと品質の意味の拡大が普及し，また企業・組織を見る社会の目が厳しくなって，社会的存在としての企業，企業市民(Corporate Citizen)，企業統治(Corporate Governance)，企業の社会的責任(Corporate Social Responsibility：CSR)というようなことが盛んに話題になったころのことです．ある中小企業のオーナー社長と話をする機会がありました．何と「オレの会社だ．煮て食おうと焼いて食おうとオレの勝手だ」と言ったのです．とても驚きました．

この方は昭和の高度成長期に一代で年商200億円のモノづくり企業をつくり上げた社長です．社員数も数百名いて，協力会社も加えれば2,000名に近い社員を抱えている中堅企業でした．社長自身の事業を見る目には鋭いものがあり，商品企画，構想設計，工法開発などにおいてもいろいろアイデアを出し，主要取引先とはトップ営業を繰り広げて会社を大きくしてきました．社長のマインドセットは中小企業のオヤジそのままで，まさにワンマンです．

60歳を過ぎ，息子への代替わりを数年かけて計画的にやっていかなければならない年齢になっているのに，相変わらず何から何まで自分で決め，なぜそう決めたかを経営幹部や息子にきちんと説明することもしません．それで，ときどきすれ違いが起こるようになってきました．そんなときのひと言が「オレの会社だ．煮て食おうと焼いて食おうとオレの勝手だ」だったのです．

「いや，煮て食っても焼いて食ってもいけません．あなたの会社ではないのですから」

「いや，私の会社なんです．私がつくり，ここまで育ててきたのですから」

「確かにあなたがつくりました．でも，ひとたびこの社会に存在させてしまったら，もうあなた一人のものではないのです」

「どういうことですか．株はほとんど私がもっています」

「ご自身が投資していますので財務的にはそうですが，取引先，関係会社，近隣住民との関係，納税，雇用機会など社会との関係など，社会的責任があるのです．説明責任も生じます」

「はぁ，説明責任というと……」

「説明責任というのは，カネと力を与えてくれた人に説明する責任というような意味ではありません．あなたの活動の影響を受けるすべての関係者に，何のために，何をしようとして，現実に何をして，その結果どうなったか，これからどうするつもりか，ということを説明する責任という意味なのです」

社会に影響力を及ぼす組織で権限を行使する人が，直接的関係をもつ人々だけでなく，間接的関わりをもつすべての人や組織(利害関係者：stakeholder)に，権限行使の予定，内容，結果などの報告・説明をする必要があるという考え方は，冷静に考えてみれば正しいことと思えます．

■力ある者は肝に銘じておきたい

とくに専門性の高い分野ではこの考え方が必要ですが，それが常識的と思われるようになったのは比較的最近のことです．例えば，私は，20年余り前から医療の質・安全に関わっていますが，例の「インフォームド・コンセント」が真の「説明に基づく同意」にはなっていない現実を数多く見聞きしました．本音では「とにかく説明して(患者が理解し納得しようがしまいが)署名をもらえばよい」と考えている医師もいらっしゃるように思えてなりません．一方では「先生にお任せします」なんてことを言う患者もいます．わからなければわかるまで聞くべきなのに，生殺与奪の権を握っている医師に遠慮してのことか，わからないのに最終判断を任せてしまうのです．医療提供側はもっと時間をかけてきちんと説明し，自らの意思で治療法を選択するように患者を誘導すべきです．

私が関わった他の分野では「原子力」に関わる説明責任はとくに重要と感じました．福島原発事故のあと規制の体制を変え規制庁がリーダーシップをとっていますが，その透明性確保は徹底しています．ほとんどすべての委員会は公開で，しかもオンラインで中継されています．録画の視聴もできますし，詳細な記録も公開されます．そんなこともよく知らず委員会に行ったとき，傍聴者が少ないのに驚いたのですが，何のことはない皆さんオンラインで見ているのです．後から「先生遅刻でしたね」なんて言われたりして，かなわんなぁと思いました．地元への説明はかなり頻繁に行っています．それでも信用の点でイマイチなのは，「説明責任」という概念に含まれる「正当化」の点で不足があるからだと思います．ただ説明すればよいというのではなく，その内容が正当であることを論理的に説明し，心理的にも納得してもらわねばなりません．

「説明責任」は“accountability”の訳語です．英英辞典の一つで“accountable”の意味を調べてみました．“If you are accountable to someone for something that you do, you are responsible for it and must be prepared to justify your actions to that person.”とあります．「誰かに対して何かに accountable であるということは，そのことに責任があり，その人に対して自分がすることを正当化しなればならない」という意味だとのことです．

すると，“accountable”という概念は，もちろん一般的な意味での責任が含まれますが，それに加えて計画，実施事項，結果について説明する責任，釈明する義務があるという点に焦点を当てているということになります.「結果に対する責任」すなわち正しいこと適切なことをする責任があるばかりでなく,「説明する責任」すなわちそのことが正しいということを示す必要があるということです.

力があり関係者に及ぼす影響が大きいときには，その影響の及ぶ隅々まで，なぜそうするか，それがどのような意味で正当であるかを説明しなければならないというのです．これはとくに権限をもつ者が肝に銘じておかねばならないことです.「良好なコミュニケーションが必要」なんていう言葉では表現し尽くせない，ずっと深い意味があるのです．自分の行為とその結果に責任をもつということを「可視化」しているとでもいえるのでしょうか.

第5章
マネジメントシステムへの実装

5.1　経営における3つの管理

前章までで，縷々説明してきた品質マネジメントの思考様式・行動原理，さらにはもつべき組織文化を認識したうえで，それらをどのようなマネジメントシステムに実装するのかを考えてみます．

1960年代半ば，日本の品質マネジメントは「管理・マネジメント」について，経営学の素人であるにもかかわらず，実世界で使える現実的な管理の方式について，試行錯誤しながら深い考察を行いました．かなり長い間「管理項目」について議論をしました．製造工程の工程管理にとどまらず，日常業務一般の管理の方法を，PDCA，標準化，プロセス管理などの考え方を基本として「日常管理」として整理しました．さらに，管理における方針の重要性を認識し，方針を達成するための管理の方法論を検討しました．そして1970年ごろ，「方針管理」という名称の優れた経営管理の方法論を生み出しました．こうして日本的品質管理は，品質を中核とする経営アプローチでありながらも，経営管理システム一般に対して重要な概念や方法論について発言するようになり，これがアメリカの品質管理，経営管理に大きな影響を与えました．

日本的品質管理は，経営管理を以下に示すような3つに整理しました(**図5.1**)[10]．

〈静的管理〉

①　タテの管理：日常管理(分掌業務管理，部門別管理)

②　ヨコの管理：機能別管理(経営要素管理，管理目的別管理，部門間連携)

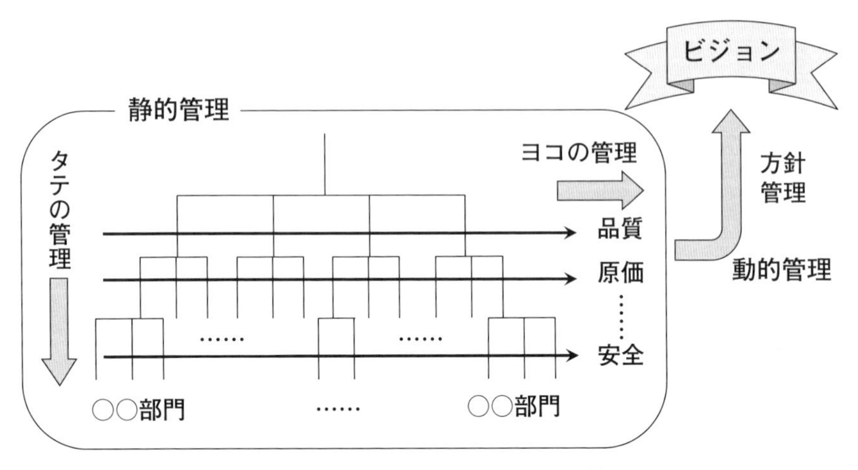

図 5.1　経営における３つの管理[11)]

〈動的管理〉

③　方針管理(環境変化対応型全社一丸管理)

「日常管理」とは，組織の指揮命令系統を通じて実施する業務分掌に規定された業務に関わる管理，すなわち，それぞれの部門で日常的に当然実施されなければならない分掌業務について，その業務目的を効率的に達成するためのすべての活動の仕組みと実施に関わる管理です．

その基本は，業務目的の明確化，業務プロセスの定義，業務結果の確認と適切なフィードバックです．これらを，標準化を基盤として実施します．要は，部門が果たすべき業務の遂行のために PDCA を適切に回すということです．

「機能別管理」とは，品質，コスト，量・納期，安全，環境，モチベーションなどの機能(管理目的，すなわち経営要素)を軸とした部門をまたがるプロセスがあると考えて，このプロセスを全組織的な立場から管理しようとするものです．「機能別」と呼ばれていますが「経営要素」のほうがよいと思います．英語で“functional organization”といえば，製品系列や事業分野によらず，企画・設計・製造・営業というような「機能」を軸に構成した組織構造をいいます．したがって，機能別管理の訳として“cross-functional management(機能・部門横断管理)”と言わなければ意味が通じません．組織構造について“function”は「部門」と訳すべきであり，一方で“function”と「機能」を反射的に結びつけてしまう日本において機能別管理という呼称ではその意味を正確に伝えられないからです．

「経営要素管理」は，各部門における日常管理を前提として，組織目的を達成するために，部門を越えて組織全体としての品質，コスト，納期などを部門横断的に管理するものです．

「方針管理」とは，環境の変化への対応，自社のビジョン達成のために，通常の管理体制(日常管理・経営要素管理の仕組み)の中で満足に実施することが難しいような全社的な重要課題を，組織を挙げて確実に達成していくための管理の方法論です．

経営環境が静的であれば，そして組織の目的が適切に定められ，それが各部門の目的に適切に展開されて，妥当な日常管理の仕組みが構築され，さらに部門横断経営としての経営要素管理(機能別管理)が適切に運営されれば，これで組織運営はほぼうまくいくはずです．

方針管理は，この2つの管理では十分に対応できない「変化への対応」に焦点を当てた管理です．経営環境の構造的な変革を考慮しなくてもよい「静的」な意味でのマネジメントは経営の基本ですが，経営環境の変化に応じた，組織一丸となった「動的」な管理もまた重要です．このために組織は，少数の重要経営課題を設定し，これらの課題を達成するために，組織を挙げた体系的な組織運営体制を構築することが必要です．

5.2 日常管理――ルーチンワークの確実な実施

日常管理の進め方

日常管理とは，上述したように，それぞれの部門で日常的に実施されなければならない業務について，その業務目的を効率的に達成するためのすべての活動の仕組みと実施に関わる管理です．

その基本は，部門が果たすべき業務のPDCAを適切に回すことで，**表5.1**

表5.1　日常管理におけるPDCA[12)]

Plan

① それぞれの部門の「分掌業務」が何であるか(どのような機能を担い，どのような役割を果たす業務なのか)を確認する．

② それぞれの分掌業務の「目的」が何であるか(業務の結果として何ができていればよいのか)を明確にする．

③ それらの目的の達成度合を測る尺度としての「管理項目」と，その達成水準である「管理水準(目標)」を明らかにする．

④ それらの目的を達成するための「手段」(どのような入力を得て，どのような手順・方法で，どのような出力を出すのか)を明らかにする．

Do

⑤ ④で規定された従事者，部品・材料，設備・機器，技術・知識ベース，作業環境などについての要件を満たす活動を行う．

⑥ ④で規定された手順・方法に従って実施する．

Check

⑦ ⑥の結果を，③で規定された「管理項目」で把握する．
必要に応じ，管理表，管理グラフなどで確認をする．

⑧ ③で規定された管理水準内にあれば⑥に従って業務を継続する．

Act

⑨ ③で規定された管理水準外にあれば，しかるべき応急処置をとる．
同時に原因を究明する．
管理項目，目標，手順に問題があれば③，④に戻り修正する．
実施に問題があれば⑤，⑥に戻り，しかるべき対策をする．

⑩ 重要な管理項目については，月次(または3カ月，6カ月)ごとに上記の管理状況を月報などの形で把握し，特に慢性問題についての改善活動を計画的に推進する．

のように実施することになります.

Plan の①,②において分掌業務を確認し,その業務の目的が何であるかを明確にします.「あなたの仕事は何ですか?」という質問に対して,何を実施しているかだけでなく,何のためにそれを行っているか,その仕事の目的を明確にすることが期待されているのです.これを体系的に行うために「業務機能展開」を行うことがあります.業務機能展開については,次項で説明します.

Plan の③の「管理項目」とは,各部門が自部門に与えられた業務の目的を達成しているかどうかを判断し必要なアクションをとるための尺度です.管理とは目的達成のための諸活動ですが,その目的がどの程度達成されているかを把握する尺度が必要ということです.管理項目についても,のちほど説明します.

Plan の④のためには,フローチャート,マニュアル(規程,標準,要領など),帳票を明確にする必要があります.目的達成に必要なプロセス条件の最適化を図り,この手順に従って実行できるようにするためです.プロセスフローチャート(業務流れ図)のようなもので,誰(どの部門)がいつ何をするか明確にすることも必要です.これらの手順書類には,手順を実施する前に満たされていなければならない要件(例えば,従事者の資格,必要な教育・訓練,部品・材料が満たすべき要件,設備,計測器の保守,技術・知識ベースの整備など)についても,あらかじめ定めておかねばなりません.

留意しておきたいのは,単なる手順・方法ではなく,入力から適切な出力が無理なく得られるような手順・方法でなければならないということです.例えば,従事者の能力レベルに応じて,作業のポイント,ノウハウ,コツなどが業務標準に記されていれば上出来です.とくに知的作業においては,必要な項目の列挙を支援する視点,因果関係や目的・手段関係に関わる仮説,妥当な判断基準を支援する視点などがどれほど整備されているかが,業務の質を左右することを忘れてはなりません.

Act の⑨で重要なことは,異常が発生したときに,迅速・正確・誠実に,その異常現象を除去し,影響の拡大を防止するとともに,固有技術,マネジメントシステムに対する異常原因の除去という再発防止のための是正処置です．これによって，業務目的を達成するうえでの組織のマネジメント能力がレベルアップしていきます．

以降では，業務機能展開，管理項目，プロセスの概念，プロセスフローチャート，業務標準，異常処理，各種管理の要点など，日常管理の要諦について理解を深めていきます．

業務機能展開

日常管理体制の構築にあたって，まず明らかにしておかなければならないのは，自部門あるいは自己の業務の内容です．何となくわかっているようで，何のために何をどこまで実施するのかと改めて問われると，はたと困ってしまいます．実は，業務分掌が明確に定められている組織というものはそう多くはありません．多くの組織はよく組織変更を行います．そのたびに各部門，各委員会がなすべき業務を定義すべきですが，必ずしもいつも明確になっているとは限りません．部門の名称で何となくわかったような気になりますが，何のために何を実施すればよいのかよくわからないままに，各人がこれだと思っていることをそれぞれの判断で実施しているような状況は克服したいものです．

業務分掌が定められているとはいっても，例えば工場の生産現場であるとすると，「○○製品の加工・組立」などと簡単に記述されるのが普通です．これを受けて，自部門，自身が，組織全体のなかで何をすべきかを明らかにしなければなりません．これを体系的に行う方法が「業務機能展開」です．業務機能とは，その業務が果たすべき機能というくらいの意味で，業務目的といってもよいかもしれません．業務の目的を必要に応じて展開し，さらにその目的達成のために実施すべき事項に展開します．

業務分掌が「××を○○する」であったら，まずは「○○するとはすなわち何をすることか」と目的を分解・展開していき，ある適度なレベルまで展開できたら，次に「××を○○するためには何をする必要があるか」と目的達成に必要な手段に展開してみるとよいでしょう．

「○○製品の加工・組立」をするとは何をすることかと展開してみると，「原材料・部品，製造する部品・製品の仕様，製造工程の仕様(製造条件などの指定)が与えられて，仕様のとおりの部品・製品を，仕様どおりの製造条件で，定められた量だけ，定められた時に提供すること」などと展開されるでしょう．この展開の仕方は，アウトプットのQCDSE(Q：品質，C：コスト・効率，D：量・納期・タイミング，S：安全，E：環境)の側面に注目する方法です．

さらに，例えば「仕様どおりの部品・製品を仕様どおりの製造条件で提供する」ためには，部品・製品仕様を理解し，その仕様を満たすために指定された製造条件が合理的であることを理解し，その製造条件を満たす製造工程を準備し，作業標準に従って製造作業を行い，指定された検査などの品質確認を行うことなどが必要であるとして，これら実施すべき事項を明らかにしていきます．この展開の仕方は，一連の業務プロセスの流れに従って展開しています．類似の考え方で，その業務の目的を達成するためのPDCAの視点で展開する方法もあるでしょう．

管理項目(管理指標)

業務機能展開などによって，果たすべき機能，すなわち業務目的が明確にできたら，次にその業務目的の達成度合いを把握するための尺度，すなわち「管理項目(管理指標)」を定める必要があります．管理とは「目的を効率的に達成するための諸活動」ですから，科学的・合理的な管理のためには，目的達成度合いを的確に測る尺度を設定しておく必要があるということです．

管理項目には，「目的尺度」と「効率尺度」の2種類があります．すなわち，業務目的をどの程度達成しているかを把握するための尺度と，その目的をどの程度の効率で実施できたかを測る尺度です．例えば，品質の良い製品設計が業務目的である設計部門の管理項目について，目的尺度としては，設計不備に起因する設計変更件数などを使うでしょう．また，設計をどれほど効率的に行ったかを測るために，開発工数，開発費なども使うでしょう．

各組織がどのような管理項目を設定すればよいか，十分な検討が必要ですが，イメージをつかんでいただくために，ものづくり企業の各部門の管理項目の例を挙げておきます．

- 設計：量産立上げ時設計責任トラブル件数，量産立上げ遅延日数，設計変更件数
- 組立：検査発見組立ミス件数，組立責任市場クレーム件数，組立工程内発見ミス件数，直行率
- 検査：不良品の見逃し件数，良品を不合格とした件数
- サービス：サービス即応率，再修理件数
- 販売：納期遵守率，発注変更率，売上高，受注高

このうち，例えば「組立」についての管理項目の意図は以下のようなことです．「検査発見組立ミス件数」と「組立責任市場クレーム件数」は，検査や市場において発見された組立に責任のあるミスの件数です．組立にとって「次工程」である最終検査，出荷検査，市場において把握できる，組立工程の仕事の質の反映を見ていることになります．「組立内発見ミス件数」は，同様の意味で，自工程内部において発見できたミスの件数で，組立工程での仕事の質を測ろうとしています．組立内発見ミスには，組立工程で発見した，前工程の品質不良，例えば部品・材料の不良，ユニット不良も含まれていますので，組立ミスとは区別して把握しなければなりません．「直行率」とは，一連の工程のいずれにおいても合格と判定され続けストレートで良品となる率のことです．途中で不良になっても修正によって最終的に良品として出荷されるものはいくらでもありますが，そうした紆余曲折を経ることなく良品になる率を測るものです．一連のプロセスを構成する単位工程の良品率を掛け合わせたものと考えればよく，一つでも出来の悪い単位工程があれば直行率は良くなりませんので，組立工程の総合的な良さを表している尺度ともいえます．

目的達成度合いを知るのに，その目的達成に重大な影響を与える条件のレベルを考えることもできます．教育・訓練の効果は力量の向上で測るのが最適ですが，それが難しいとか将来でないとわからないというようなときには，例えば教育・訓練時間，直後の理解レベルなどで把握することもあります．

管理項目としては，目的達成の度合いを測るものに加えて，効率を測る尺度も必要です．管理とは，効率的に目的を達成するための諸活動ですから，効率的かどうかを把握しておく必要があるということです．組立工程の場合，例えば，組立工数（ある単位組立作業に必要な時間），工程内在庫（組立工程内に滞留している中間製品の量），組立コストなどが考えられます．こうしたことを総合的に考えるには，アウトプットとして何が期待されているかを，QCDSE（Q：品質，C：コスト，D：量・納期，S：安全，E：環境）などさまざまな側面から考察するのがよいと思います．

管理項目の設定における難しさ

さて，管理項目を設定するとき，どのような尺度を使えばよいのか困ってしまうことがあります．組立工程の例を挙げるなんてずるい，単純で簡単だから，と指摘される方がいらっしゃるかもしれません．そうかもしれません．例えば，大学の先生は自分の仕事の管理項目としてどのようなものを設定しているか，なんていう意地悪な質問が来そうです．

私は，まず目的を明確にすることから始めます．それが前項で考察した「業務機能展開」です．次に，ある一つの業務機能について，それがうまく運営されている状態とそうでない状態について例を挙げて考察し，それを管理尺度のヒントにします．例えば「教育」なら，有用な学生を社会に輩出できているのが良い状態と考えれば，就職先（企業）のランク，就職先の受入担当者の評価，資格試験合格者数などを考えます．重要なことは，これらの尺度だけでは，把握したいことすべてを測れないということの認識・覚悟です．それを手がかりにして，管理目的が達成できているか総合的に判断する尺度，それが管理項目です．

管理項目設定の難しさについてもう少し考えてみます．そもそも目的が多様であり，ときに互いに矛盾し，しかも目的そのものが明確に定義しにくいような状況で，その達成度合いを測る尺度を決めるのはとても難しいことです．格好よい鮮やかな指標である必要はありません．目的達成状況のある側面を反映する指標がいくつかあれば十分です．指標を設定することが目的ではなく，指標を通して目的が達成されているかどうかについて考察する契機になるような指標であればよいのです．洞察力があれば，定めた管理項目・管理指標の値の背景で何が起きているのか判断できるようになるでしょう．

私たちは数値にはからきし弱いですが，数値なんてものは，何らかの思惑で適当に決めた特性について，適当に測定して得られたもので，その信頼性など高が知れています．格好よい指標の名称や，得られた数値に過度な期待をしていると裏切られるのが落ちです．例えば，○○件数とかいっても，全貌が正確に把握されていないかもしれません．管理項目・管理指標は重要ですが，それさえあればきちんとした管理ができるとか，それがなければ管理できないとかいうものではありません．いろいろ考えて設定しますが，設定した特性で実態をどこまで把握できるかについて冷静に見ていて，その項目を用いて「管理」するときは賢く振る舞いたいものです．

管理項目の設定に際して，業務の種類によっては，これとは別の難しさもあります．それは，その仕事の成果は誰によるものか，という視点です．例えば，安全管理室の業務を取り上げてみましょう．業務分掌としては，組織全体としての安全を実現するための支援，組織横断活動の促進，枠組み構築・改善，さらには事故報告，ヒヤリハット報告の処理の事務局，何か事件が起きた場合の対応などが規定されるでしょう．こうした業務の目的達成度合いを測る尺度として，事故件数を設定するかもしれません．しかし，よく考えてみてください．この件数が減少したとして，それは組織を挙げた活動の総合的な成果であって，安全管理室の寄与は一部でしかありません．

安全管理，品質管理，原価管理，在庫管理など，一般に○○管理といわれる業務は，こうした側面について，良い状況にするための基盤構築，促進，支援が仕事で，こうした業務のことを「主管業務」ということがあります．主管業務の質を測るには，基盤構築，促進，支援の質を測るべきであって，安全，品質，原価，在庫などのレベルを測る総合指標だけでは不十分です．「それはあなたの部門の貢献ではなく全社の貢献だ．あなたの部門が真っ当に活動しているかどうかをどう把握しているか示してほしい」なんて難しいお題を出されてしまいます．支援の質を測るとすると，支援依頼に対して応えることができた比率，そのレベル，依頼者の満足度，迅速さなどを反映する尺度を考えます．そしてこれらとともに事故件数などの総合尺度も設定します．組織全体の活動レベルを反映する良い尺度ですし，それは見方によっては主管業務の総合的な効果だからです．

プロセスの概念

業務機能展開によって明らかになった，ある大きさのまとまった業務の管理のために，「プロセスの概念」が有用です．望ましい結果を得るために要因系に着目するという原則に従い，望みの結果が得られるように業務プロセスを運営するという考え方です．具体的には，結果とプロセス要因との関係を知り要因を管理することと，プロセスの中間結果を適宜確認して必要に応じて修正するという方法をとります．

プロセスの大きさはいろいろで，適度に分解する必要があることを考慮すると，プロセスの管理として，次の2つのことを考えておく必要がありそうです．

① ユニットプロセスの管理

② プロセスネットワーク管理

以下に説明していきます．

① ユニットプロセスの管理

まず①のユニットプロセスの管理とは，ある単一業務・要素作業を，インプットを受けて所望のアウトプットに変換するプロセスとみなして管理すると捉えるということです．**図 5.2** をご覧ください．ユニットプロセスの概念を説明するものです．この図を構成している要素は以下のとおりです．管理の対象として何を考えるかについての再確認となります．

- **インプット**：プロセスに入力され出力に変換されるモノ，情報，状態

  モノ(原材料，部品，補助材，処理対象など)，情報(指示，入力情報，

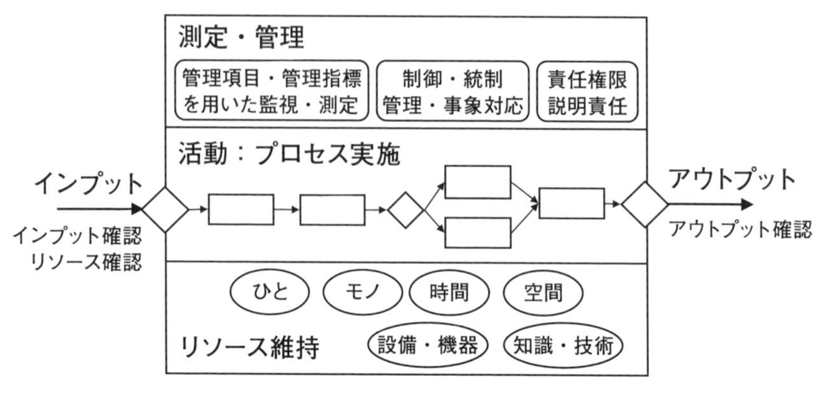

図 5.2 プロセスの概念

参考情報など)，状態(活動前の対象の初期状態)

- **アウトプット**：プロセスのインプットが変換されて出力されるモノ，情報，状態

  モノ(製品，半製品，部品など)，情報(出力情報，知識，分析結果，知見など)，状態(最終状態)
- **活動**：インプットからアウトプットを得るために必要な諸活動

  実施事項，手順，方法，条件
- **リソース**：プロセスの活動を支え，また投入される広義の経営資源

  人材，供給者・パートナー，知識・技術，設備・機器，施設，作業・業務環境，ユーティリティ(電気，ガス，水など)，支援プロセス，支援システム，インフラなど
- **測定・管理**：プロセスの目的達成，活動状況を把握し管理するための測定・管理項目・管理指標，統制・介入，管理，責任・権限，役割分担など

  アウトプット特性，プロセス活動状況，プロセス条件特性など

ある活動をプロセスと捉えるとは，目的(アウトプット)を得るために，何を受け取り(インプット)，どのような資源を使い(リソース)，どのような活動を

するか(活動)，またその間どのような状況把握や介入をするか(測定・管理)を明らかにすることだ，ということです．**図 5.2** では，これらの関係に加え，インプット，リソース，アウトプットの確認も必要であるとしています．

② プロセスネットワークの管理

次に②のプロセスネットワークは，対象にしている業務がある程度大きいとき，インプットをアウトプットに変換するのに必要な一連の活動を，ユニットプロセスの連結と考えて管理すると捉えるということです．どのようなユニットプロセスが必要になり，それらをどのような順序で，どのように連結してアウトプットを得るかを考察することになります．

プロセスネットワークという考え方は，このようにある程度大きくまとまった業務がどのような小さな活動の連鎖で成り立つかの考察に役立つばかりでなく，これら小さな活動の間の関係の把握にも有効です．あるユニットプロセスのアウトプットが他のユニットプロセスのインプットになるという関係は容易に理解できます．また，あるユニットプロセスのアウトプットが，他のユニットプロセスの「リソース」になることもあります．例えば，ある業務で必要となる業務担当者のスキル向上プロセス，設備・機器類の保守・整備プロセスなど，「リソース」を準備するプロセスが存在しています．

プロセスネットワークには，こうしたユニットプロセス間の関係のみならず，プロセスの流れの構造も表現されます．例えば，ある業務には並行して行われるプロセスがあるかもしれません．あるいは，状況に応じて次に実施することが異なる(分岐)ことや，必要に応じて何回か繰り返す(反復)ことがあるかもしれません．こうした業務の流れの構造を理解することも業務の設計には重要なことです．

さらに，これら業務の流れにおいて，担当部門・担当者，管理の責任・権限などを決めることも重要であり，プロセスネットワークの図を，縦軸を業務の流れ(フェーズ)，横軸を担当部門として描くこともあります．この図によって，比較的大きな塊りの業務を実施するために，どのような順序・構造で，どのような活動が必要であり，それぞれをどの部門が担当するかを表現することができます．

業務プロセスの管理

業務遂行に必要な(ユニット)プロセスとその連結関係(プロセスネットワーク)が明らかになったら，次は各プロセスで何をどのように実施するかを決めることになります．

このためには，以下のことを明らかにする必要があります．

①　プロセス設計：プロセスの技術的仕様

②　プロセス管理計画：プロセスの技術的仕様を実現するプロセスの管理計画

③　業務標準(作業標準)：プロセス管理計画を構成するプロセス(業務，作業，タスク)の実施方法の指定

④　プロセスの維持

⑤　プロセスの改善

⑥　多様な管理対象の管理

手段的管理：作業の管理，要員管理，設備管理，計測器管理など

目的的管理：QCDSE(品質，コスト，納期，安全，環境)などの管理

これらについて検討するときに，とくに知的業務のプロセス管理についても考察しておく必要があると思っています．

これらのうち，①，②については，**3.5節**(プロセス管理)で触れました．さらに「知的業務のプロセス管理」についても同じ**3.5節**で考察しています．

業務マニュアル

ユニットプロセスの管理のためには，目的を達成するために(アウトプット)，何を受け取り(インプット)，どのような資源・インフラを使い(リソース)，どのような活動をするか(活動)，またその間どのような状況把握や介入をするか(測定・管理)を明らかにする必要があります．良い仕事をするためには，ユ

ニットプロセスの要素となっている活動をどのように実施するか，その良い方法を規定しておくことが重要です．ここでは，何をどのように規定し，どう活用すべきか，つまりは「業務マニュアル」について考えてみます．

ここでいう業務マニュアルの対象となる要素は，ユニットプロセスの構成要素のいずれでもありえますが，重要なのは「活動」+「測定・管理」と「リソース」に関わるマニュアルです．活動+測定・管理が重要であることはご理解いただけるでしょう．「リソース」に関わるマニュアルとは，そのプロセスの活動を支え，また投入される経営資源，例えば，技術・知識，人材，設備・機器，作業・業務環境，ユーティリティ(電気，ガス，水など)の「維持」の仕方についてのマニュアルです．

ものづくり現場の作業標準

作業・業務マニュアルについて考察するにあたって，まず始めに，ものづくりの現場で作業標準がどのように運用されてきたかを概観してみます．製造作業標準に記述する内容は多種多様ですが，おおよそ以下のようなものが含まれます．

① 作業の目的
② 作業の対象物，使用材料・部品
③ 作業の手順・方法
④ 作業従事者，必要な資格・能力
⑤ 使用する設備，金型・治工具，補助材料
⑥ 作業の時期・場所
⑦ 品質基準，その計測方法
⑧ 品質，安全上で注意すべき事項
⑨ 異常処置の方法

製造においては，作業標準を2つのタイプに分けて運用するのが普通です．例えば，製品Aの最終組立ラインのある工程の作業標準であるとすると，どこにどの部品をビスで留め，どの部品をどこに半田付けし，どう配線するかを

指示するような標準類と，ビス留め，半田付け，結線，○○性能測定などの要素作業の手順，方法を規定する標準類の2種類です．

前者は，配線や組立手順など製品ごとに定められる標準，および設備・試験機器の操作方法など装置ごとに定められる標準です．後者は，製品が変わっても，共通的に行われる要素作業に関する標準です．ある製品を正しくつくるために，要素作業標準で規定される方法に従って，その製品を成立させるために必要な要素作業を過不足なく行うという考え方に従うものです．

作業標準は，実施すべき作業・業務についての分析(作業・業務内容とその結果の間の関係の解析・理解)と最適化(望ましい結果を得るために必要な作業・業務の内容)の最終成果であり，要求品質を効率的に実現するための作業およびその手順を文書化したものと位置づけられます．その意味で，作業標準は，製造作業，サービス提供行為に関して「良いとわかっているモノや方法」です．

知的作業の業務マニュアル

賢い方は，ものづくり現場の作業標準についての説明を一読しただけで，知的業務の業務マニュアルが備えるべき一般的要件を理解するでしょう．知的作業の標準の内容を，上述の製造作業標準の記述内容から類推するに，以下のように多少の読み替え，解釈をすればよいと思われます．

①　業務の対象(ワークシートなど)，入力・参照情報
②　業務の手順・方法
③　業務従事者，必要な資格・能力
④　使用する機器，知識基盤
⑤　業務の実施タイミング，場所，環境
⑥　成果物の基準，評価・判断方法
⑦　留意事項，ノウハウ
⑧　異常処置の方法

このなかでとくに留意すべきは，②，④，⑥，⑦，⑧などでしょうか．②の

手順・方法は，インプットから無理なくアウトプットを得ることができるようなものでなければ手順・方法として意味がありません．手順を書くのは簡単ですが，「この手順・方法で，本当にインプットから期待されるアウトプットを導出することができるだろうか」と自問してみることが必要です．そのときたぶん，④に記載されている「知識基盤」として何が必要か気になるに違いありません．⑥は，期待するアウトプットが得られたかどうかの判断基準が明確であるかどうかを問題にしています．⑦は，その知的作業をするうえでの，コツ，ノウハウ，留意すべき事項などです．⑧は，何か問題があったときの対応方法ですが，あらかじめどのような問題が起こりうるか，ある程度わかっていなければ，有効な記述はできません．

作業・業務標準の有効性の維持

作業標準，業務標準は，遵守されなければ意味がありませんし，同時にその有効性についても常に見直しが行われ，必要に応じて改訂されなければなりません．標準化はベストプラクティス共有の経営ツールといえますが，真にそうであるためには，必要に応じて見直し・改訂しなければなりません．これを継続的に実施するために，標準を維持・管理する機能をマネジメントシステムの一機能として装備する必要があります．問題が発生し，標準に問題があることが明らかになったら，標準を改訂し，その内容をしかるべき部門・人に伝達し，それに従って作業・業務が実施されていることを確認する仕組みが必要です．

通常，新しい作業・業務標準は技術者・管理者によって起草されます．しかし，作成しただけで作業・業務の質と効率が保証されるわけではありません．関連する管理者，監督者，作業・業務従事者がその内容を理解しなければ何の意味もありません．必要なら教育・訓練を行わなければなりません．

作業・業務の教育・訓練においては，単にその内容だけでなく，結果が関連するプロセスに及ぼす影響，完成品の品質や最終的な仕事の結果に与える影響についても理解を得ることが大切です．作業・業務にあたって，作業・業務に従事する人には以下のことが望まれます．

- つくり込むべき品質を十分に理解していること
- その方法で実施しなければならない理由を理解していること
- 品質の達成状況を確認することができること
- 要求に適合しない場合は，工程，作業を調整できること
- 品質達成のための動機づけがなされていること

さて，作業・業務標準はどのくらい詳細に書けばよいのでしょうか．これは古くから議論されてきた話題です．作業・業務標準は，目的を達成するための手段・方法を規定するものです．目的を示されただけでどうすればよいかわかるなら，その実現手段を事細かに指定する必要はありません．どうすればよいか簡単にはわからないというのなら必要に応じて詳細に規定する必要があります．記述の詳細さについての判断基準は目的達成手段がどのくらい自明かにあります．

それでは，目的達成の手段・方法がわかるかどうかは何で決まるのでしょうか．一つは，その作業・業務の特徴，性質による難しさです．その作業・業務遂行に関わる技術の成熟度に依存するということです．もう一つは，その作業・業務に従事する人の能力(知識，技能)です．適度な詳細さの作業・業務標準を作成するためには，想定する実施者のレベル，あるいは前提としている教育・訓練の内容を明確にしておく必要があります．

「よーく考えて一所懸命やってほしい」とか「例のあの件よろしく頼む」で，すべてわかって完全な仕事をしてくれる人と，それなりの手順・方法を教えてもそのとおりにできない人がいることを認識すべきです．作業・業務の実施者の実施能力のレベルを想定し，そのレベルまで上げてから作業・業務に従事させると考えない限り，合理的な詳細さの標準は作成できません．

プロセスの維持

生産・サービス提供において重要なことは，安定した生産・サービス提供，すなわち生産・サービスのプロセスの「管理状態」の維持です．その基本は，標準に従って作業・業務を実施し，もし目標どおりの結果が得られなかったら，

状況に応じて適切な処置をとることです．管理状態の維持の基礎となるのは，標準に定められた手段・方法を忠実に守って業務を実施し，その結果を確実にチェックし，問題があれば修正することです．このことは，まさに「言うは易しく行うは難し」です．その成否は，良い結果が得られるような技術的根拠のある標準・手順類の制定と，作業・業務を行う人に対する教育・訓練の質にかかっています．

「管理状態」とは，標準で規定したとおりの作業・業務を行い，標準によって規制することで防ごうとしている外乱となるバラツキの要因が管理され，あっても仕方がないと考えている要因によるバラツキだけでプロセスが変動している状態です．標準を定めて，作業・業務を規制するとは，許されないバラツキを防ぎ，入り込んでもかまわないと諦めているバラツキだけにすることです．何もかもきちんとして，バラツキをゼロにしようと考えているわけではありません．バラツキには，許されるものと許されないものがあると考えています．

この「許容できるバラツキと許容できない(許容してはいけない)バラツキ」に関して，製造プロセスにおいて「工程能力」という概念があります．工程能力とは，標準遵守状態でのバラツキ，管理状態でのバラツキ，安定した予測可能な工程がもつ固有のバラツキという意味です．その基本思想は，バラツキには「避けられない(＝許される)バラツキ」と「避けられる(＝許されない)バラツキ」があり，それぞれ「偶然原因」および「異常原因」によって引き起こされると考え，工程の変動を，偶然原因による避けられないバラツキのみによるものだけにしようとするところにあります．

この最大の武器が「標準化」であり，標準を遵守していれば，避けられるバラツキは抑え込めるはずだと考えています．何か異常があったら，それは標準を遵守していないか，これまで特定できていなかった異常原因があったものと考え，改めて標準を遵守できるように種々工夫をするか，標準を改訂してその種の異常原因によるバラツキの再発を防止しようとします．

この意味では，「許されるバラツキ」，「避けられないバラツキ」というのは，良い意味での「アキラメ」です．ここでの「アキラメ」とは「“あるがまま”を受け入れる(accept as is)」という意味です．「アキラメと努力」なのです．なすべきことをすることによって達成できるレベルを受け入れて，そのなすべきことを続け，さらに失敗などの教訓を得る機会があればレベルアップするという努力を続けるのです．

バラツキ，失敗をゼロにすることは不可能です．ある一定レベル以下になるように標準を定め，偶然原因による許されるバラツキを受け入れてしまう，これが非現実的な完璧主義から脱却した合理的な管理スタイルというものです．バラツキとはアキラメなのです．

工程能力

工程能力とは，この偶然原因によるバラツキです．工程の状態を把握する指標として製品の特性値を使っているとき，このバラツキと製品の規格幅との比較を「工程能力指数」と呼び，C_p などと表記します．規格幅が管理状態でのバラツキの±3シグマ範囲になっているとき $C_p = 1.0$ としています．「理想的には $C_p = 1.33$ 以上，すなわち規格幅が管理状態でのバラツキの±4シグマになっているときだ」などといわれています．

バラツキの中心が規格の中央にあり，特性値が正規分布であると仮定できれば，不良率は，±3シグマで約0.3%，±4シグマで10万分の6程度(60ppm)となります．日本の品質管理の成功を見て品質反攻戦略を展開したアメリカの「シックスシグマ」という概念は，規格幅が±6シグマであれば，特性値の平均が1.5シグマずれていても，片側で4.5シグマ外の確率，すなわち100万分の3.4に抑えられる，この事実上のZero defectを目指して管理を展開しよう，というものです．

製品特性値が計量値でなく，良・不良で判断される場合にも，「工程能力」を不良率で判断してよいと思います．3シグマレベルなら0.3%，4シグマレベルなら60ppmですが，世間相場を参考にして，どの程度の不良率レベルであれば「許される」レベルであるかを判断すればよいでしょう．

何ごとであれ，その分野で利用可能な技術を使い，標準化して，それなりの努力をして遵守することによって，避けられるバラツキ，許されないバラツキを抑制したときのバラツキ，という概念が「工程能力」というものです．これを日常的に実現できるようになっているとき，その工程，プロセスが「管理状態」にあるといいます．

処　置

上述したように，標準が不完全であると，思わぬ大きなバラツキが発生します．標準どおりに実施しないと，想定していなかったバラツキが発生します．こうしたプロセス変動があるかどうかを，適切に定めた管理指標の値や何らかの確認行為によって判断します．

もし，通常と違うということがわかったら，まず応急処置を行い影響が拡大することを防止します．さらに異常の原因を追究して，その原因を除去する対策をとります．この活動が確実に行われれば，そのプロセスは速やかに安定したものとなるでしょう．安定した「予測可能な」プロセスをつくり上げること，これがプロセス管理のねらいです．

プロセスの異常を検出したら，異常原因を追究し，応急処置を実施し，関連部署に連絡し，再発防止策を実施するなどの活動を，生産・サービス提供の現場の作業者，監督者，管理者がそれぞれの責任と権限において確実に実施しなければなりません．このような管理活動を組織的に実施するための管理ツールとして，生産現場などでは「工程異常報告書」が使われます．そのねらいは，

- 工程の異常発生を記録し，報告し，伝達する
- 原因追究，対策についての進捗を管理する
- 原因および対策の内容を記録する
- 製造管理，サービス提供プロセスに関する技術を蓄積し，将来に生かす

などです．

工程異常報告書の書式もさまざまですが，以下のようなことを記述するのが普通です．

- 異常現象の記述
- 生産・サービス提供の現場による原因の解析の内容，応急処置の内容
- 原因追究の担当部署，分析の内容
- 再発防止策，対策の効果の確認
- 恒久処置の内容，その実施計画，恒久処置の進捗記録

こうして，発生した異常を速やかに除去し，同時に組織として賢くなる活動を展開します．

プロセスの改善

日常管理の基本は，PDCAサイクルを回すことによって，業務分掌として規定されている各部門・各人の担当業務の目的を達成することにあります．PDCAサイクルのなかで，C(Check：確認)とA(Act：処置)は，業務の目的を達成するための修正，やり直し，応急対応などが基本になりますが，同時にその原因を分析してP(Plan：計画)にフィードバックすることも行います．すなわち，目的が不明確，不適切であればそれを直しますし，目的を達成するための手段・手順・プロセスに問題があれば改善します．このことによって，この業務遂行プロセスのレベル，すなわち「管理のレベル」が向上します．

日常管理には，ルーチンワークを清々粛々とこなすばかりでなく，ルーチンワークを実施する「方法」を改善することも含まれているということです．プロセスの管理において最も重要なことがプロセスの維持であることは間違いないのですが，それだけでは不十分だと認識しています．どんなときでも，技術やマネジメントシステムは完全ということはありえず，計画したとおりに実施すれば満足できる製品・サービスを生み出せるプロセスを最初から構築することは，ほとんど不可能だからです．不満足な状況が発生したら，これを確実に解消することを継続することが重要です．1件ずつの改善は小さいかもしれませんが，まさに「継続は力」であり，この努力を積み重ねることによって大きな進歩を遂げることができます．

こうした改善は関係者全員の参画で行うべきです．問題の真の姿は当事者が

一番よく知っているからです．とくに，現場第一線の方々による問題意識・改善意識をもつことの重要さを理解し，問題解決の方法論と手法を習得してもらったうえで，日常の維持管理活動の中で改善を行える組織運営を行うことの意義は計り知れません．第一線の方々にも大いなる創造性が要求されることになります．言われたことだけを忠実に行うという枠を越えて，自主性，主体性，積極性が醸成されることでしょう．

この結果として，自分(たち)の仕事と提供する製品・サービスの質との間の関係が理解できるようになります．職場の中での自分の仕事の位置づけを理解できるようになります．生産やサービス提供に用いる機器，設備，道具，情報システムなどの動作原理，構造，論理などがわかるようになります．そして，自分たち自身で主体性をもって問題解決を行うような組織ができあがるものと期待できます．

マネジメントシステムの改善

プロセスの改善を進めていくと，当然のことながら，それらプロセスの集合体としてのマネジメントシステムの改善，ときに改革に発展します．例えば，複数のプロセスに関係する問題，複数のプロセスに共通の基本的問題，そもそも複数のプロセスで多様な望ましくない現象が現れる遠因・誘因となっているシステムの構造的な問題などがあるからです．

こうした問題に遭遇したときに，これに組織的に取り組める体制を構築しておく必要があります．例えば，マネジメントシステム全体に関わる問題を検出するためのシステム要素である，内部監査，マネジメントレビュー，組織的改善・改革を進めるための管理体制として方針管理(**5.4 節**を参照)などのプロセスを充実させることによって，システム改善が進みます．

組織的改善活動

改善には，問題解決の「技術的方法」に関わる側面に加え，組織的に進める工夫が必要です．「方針管理」は，その一つのかなり大々的なものであり，単なる組織的改善というよりは，事業の持続的成功を強く意識した戦略的な活動です．

そこまでのものでないにしても，改善活動の推進を，問題解決の方法，ステップ，適用手法に焦点を当て，いわゆる高度な問題解決を目指すよりは，日常管理の一環として，自然体で改善が進められていくような体制を指向するほうが得策と思います．

その際，次のようなことに留意するのが普通です．

- 問題意識・改善意識の醸成：環境認識，ビジョン，前向き・積極性
- 課題認識の方法論の会得：あるべき姿と現状のギャップの認識，課題の明確化
- 課題の共有：内部コミュニケーション，部門横断活動
- 見える化：課題の登録，報告，表彰，業務システムへの反映(標準化)
- 相互啓発：システム化・標準化，切磋琢磨，組織内大会など

これらはいずれも，主題に関わる方法論というよりは，それが重要であり優先されるべきことであり，組織構成員の積極的参画を促す「運動論」の意味合いの強いものです．

小集団活動：QCサークル

産業界において進められてきた「組織的改善活動」の一つが，全員参加の改善を促す「QCサークル」という小集団活動でした．QCサークルとは，同じ職場内で品質管理活動を自主的に行う小グループのことで，1962年に始まったとされています．この年にQCサークルの全国組織が設立されたからですが，実際には，それ以前から職場の仲間が集まって自主的に品質管理を学び改善を進める職場運営が行われている職場もありました．その代表は1950年代の鉄鋼業におけるJK活動(J：自主，K：管理)で，これがQCサークルの原型といえます．

QCサークルは組織によってさまざまな形態で運営されていますが，全組織的な品質マネジメントの一環として，全員参加で自己啓発・相互啓発を行い，

QC 手法を活用して職場の管理・改善を継続的に行うという仕組みの存在そのものが重要です．このような活動によって，職場での問題解決に成果を上げるとともに，人々の能力開発・向上，品質マネジメントの考え方や手法の普及に貢献できます．

元祖 QC サークルは同じ職場の人々の自主的改善活動と位置づけられていましたが，仕事の仕方の変化に応じて柔軟に考え，必ずしも同じ職場内でチームをつくることにこだわる必要はありません．QC サークルのねらいは，改善効果の大きさにあるのではなく，むしろ組織運営における全員参加の風土づくり，改善手法や考え方の習得など，職員の意識改革と教育を主眼に置くことにあります．その意味で，管理者層が改善手法や考え方の教育，チームの構成，テーマの決定，活動のスケジュールなどについて適切なアドバイスを行い，積極的に関与することが望まれます．

5.3　経営要素管理(機能別管理)――部門の壁を越えて

ヨコの静的管理

前節で説明した「日常管理」は，組織構造に応じたタテの静的管理という位置づけです．これと連携して行われるヨコの静的管理としての「経営要素管理(機能別管理)」とは，**5.1 節**で概要を述べたように，各部門における日常管理を前提として，組織目的を達成するために，部門を越えて組織全体として，品質，コスト，量・納期，安全，環境などの経営要素を部門横断的に管理する仕組みです．

通常は，委員会を組織したり会議体を設けて，全組織的視点からの課題を明確にし，経営要素ごとに実施計画を立案し，実施担当部門の日常管理を通して実施し，実施結果を全社的立場から評価し，必要なアクションをとるような運営をします．経営要素管理の成否は，全組織的視点と部門間の壁の打破にあります．

日本の品質管理の歴史のなかで，部門横断的な管理を大々的に取り上げたのはトヨタ自動車であると教わりました．1960 年代半ばのことです．このときは，部門横断の管理目的として「品質」と「利益」の２つを取り上げたそうです．この横串管理によって大きな変化があったのは，取締役部長の思考・行動様式だったそうです．

役員層の構成が，現在のような，経営責任を担う取締役と，執行責任をもつ執行役員という２つの階層で構成することが常識的になるよりずっと前のことです．優秀な部長が取締役に取り立てられて取締役部長となり，その次は常務，専務，副社長，そしてゆくゆくは社長，なんてことを考えるかもしれないその最初のステップです．

その取締役部長が「役員らしくなった」というのです．部門横断管理を強く意識して経営する前は，取締役部長は担当部門の利益代表に過ぎなかったのですが，きちんとした部門横断管理を導入してからは，まずは全社の経営のことを考えるようになったというのです．

経営要素管理の運営

経営要素管理のための委員会・会議体の典型は，各部門の業務分掌をまたがる機能や課題・問題について組織横断的に検討し，適切な処置をとるように，例えば，品質(Q)，コスト(C)，量・納期(④，安全(S)，環境(E)，モラール(M)などの経営要素を組織的に運営管理するためのマネジメントシステム要素です．

これら部門横断的機能の管理のために委員会・会議体を使うときには，これらの機能を円滑に進め，マネジメントシステム全体としての効果を効率的に上げるために，管轄，監視，調整，支援，促進などのために管理部門を置くこともあります．例えば，品質や安全は，組織を構成する各部門で実現しますが，その実現を支援し調整し，全体を監視し管轄するために，品質保証部門，安全管理部門などを置くことがあります．これは単なる事務局ではなく，組織全体としての課題の認識，それに基づく経営企画，部門間調整，委員会・会議体の切り回しなどの能力を要求される重要な部門です．品質保証部門については，**2.6 節**で検討しました．

5.4　方針管理――環境変化対応型全社一丸管理

方針管理とは

経営における3つの管理の3つ目として「方針管理」について考察します．すでに概要を説明していますが，方針管理とは，経営環境の変化への対応，経営ビジョン達成のために，日常管理の仕組みだけで実施することが難しいような全社的な重要課題を，組織を挙げて確実に達成していくための経営管理の方法論です．

経営環境，すなわち市場・顧客，技術動向，競合状況，そして自社の能力にそれほどの変化がなければ，適切に定められた組織の目的を合理的に達成するために，適切な構造(部門構成)の組織をつくり，組織の目的を各部門の目的・目標に適切に展開して，適切に構築された日常管理の仕組みを運営し，さらに部門横断管理としての経営要素管理(機能別管理)を適切に運営すれば，これでうまく乗り切っていけるはずです．

方針管理は，この2つのタテ・ヨコの日常的な管理体制では不十分な，全組織が一丸となって取り組むような“変化への対応”に焦点を当てた組織運営管理の方法論です．清々粛々とした静的なマネジメントは基本としてもちろん重要ですが，同時に，経営環境の変化に応じた，全組織一丸となった動的な管理もまた重要です．このために，組織は，少数の重要経営課題を設定し，これらの課題を達成するために，全組織を挙げた体系的な管理システムを構築することが必要です．

方針管理は，日本の品質管理(TQC：Total Quality Control，総合的品質管理，全社的品質管理)が生んだ経営管理の方法論です．TQCにおける日本発の概念・方法論・手法には，QCサークル(小集団活動)，QCストーリー(QC的問題解決法)，特性要因図，QFD(Quality Function Deployment：品質機能展開)，当たり前品質・魅力品質，PDPC法(Process Decision Program Chart：過程決定計画図)などがありますが，経営に与えた影響の大きさは「方針管理」がダントツです．1980年代初めに日本的品質管理が世界の注目を集めましたが，欧米の経営管理層を喜ばせたのは方針管理でした．経営トップ層が「こうしたい」と思うことを，組織を挙げて実現する経営手法だったからです．

方針管理がねらいとしている，組織一丸の経営管理は，どんな組織でも実施しようとしているものです．例えば，「目標管理」は多くの方にお馴染みの管理手法です．20世紀最高の経営学者P. F. ドラッカーが提唱したものです．「目標による管理（Management by Objectives：MBO）」とか「結果による管理（Management by Results：MBR）」と呼ばれていた目標管理の特徴は，組織全体の目標の徹底的な分解による組織構成員各人の目標の明確化と，インセンティブによる各人の目標達成の確実化にありました．

目標管理においては，各人に具体的目標を与え，得られた結果で管理しますが，これは目標の明示，その展開，到達結果と目標との差異を起点とするフィードバックという点で，管理の基本を踏まえた正統的な管理手法です．しかし，その目標達成率はあまり高くありませんでした．目標は明示しましたが，達成手段に対する考察が弱かったからです．

方針管理は，同じねらいをもった経営管理手法といえますが，その目標達成率は一般に非常に高いものになりえました．それは，方針管理が，実現可能性も考慮した目標の展開，目標達成のための方策・手段への展開，実施過程における「プロセス管理」の原則の適用，年度末の大々的な「振り返り（反省）」などにその特徴があったからです．いまでは，目標管理も方針管理の影響を受けて，事実上，方針管理と変わらないものとなっています．目標管理を変身させた手法として，方針管理は高く評価されてよい経営手法だと思います．

方針管理のポイント

いくらかの紆余曲折を経ながら，「方針管理」は，組織一丸の管理の方法論を模索するうちに経験を基盤に試行錯誤的に整理されてきた（品質）経営の方法論です．1970年ごろの提案当初は，3～5年程度を想定した中期経営方針的な性格ももたせようとしていたようですが，普及に伴って主に年度方針の管理が主流になってきました．本節で方針管理のポイントを説明するにあたり，年度方針管理に限定することにいたします．

方針管理の特徴を端的に説明するのは難しいのですが，そこは私の独断と偏見をもってすれば容易なこと，エイヤッと以下の6項目に整理できると断言してしまいます．

① 方針策定：重点を絞った合理的かつ明確な全組織的方針の策定
② 方針展開：方針の展開，方策への展開，各部門・各階層への展開
③ 管理項目：目的達成度把握のための指標と合理的目標の設定
④ 実施計画：方針達成のための具体的実施計画
⑤ 進捗管理：実施過程における進捗チェックとフォロー
⑥ 振り返り：年度末などにおける振り返りと次年度へのフィードバック

方針策定

方針の管理において「①方針策定」が重要な特徴であるのは当然のことです．企業が戦略を立案するときには，何であれ，これと思う方針・施策を明確に決めます．そのなかで，方針管理の特徴は「重点を絞った合理的な」を重視するところにあるといえます．

そのような方針であるためには，組織が置かれた事業環境を正しく認識し（状況認識），組織が実現したいと考える上位の目的・目標を達成するうえで有効であって，また方針の実施に必要なリソースが現実的なものでなければなりません．

通常は，方針の策定へのインプット情報としては，上位の目的・目標，事業環境分析，前年の振り返りの3つがあります．

「上位の目的・目標」とは，例えば，ミッション（使命）・理念・社是などの組織設立の目的や理念に関わるもの，10年程度を視野に入れた「ビジョン」，3～5年程度の期間を想定しての中長期経営計画などです．また，重要な経営機能に関して定めている品質，市場，技術，人財・人材などに関わる基本方針が存在するかもしれません．要するに，ここでいう「上位」とは，長期的視点，目的・手段関係の観点での上位，概念として基本的・原則的ということになり

ます．

方針管理が主に年度方針達成のための経営管理手法として用いられている場合，しかるべき方針を策定するためには，年度方針の上位に位置づけられる経営目標・戦略の妥当性が重要となります．それは，直接的には中長期経営計画であり，あるいはその上位に位置づけられる「ミッション」―「ビジョン」―「戦略」であるかもしれません．

これらの戦略立案の方法はいろいろあるでしょうが，まずは，何らかの形で，事業環境の理解に基づいて，事業構造(当該事業分野にいるプレーヤーの特定とそれらの間の関係)の理解，競争環境下において顧客を含む関係者に提供すべき価値，もつべき組織能力(競争優位要因)，その能力を実装すべきマネジメントシステム要素を明らかにする必要があるでしょう．そのうえで，現状とのギャップを踏まえて経営課題を特定し，課題達成・解決への上位の方策としての戦略を策定し，これらが中長期経営計画に反映され，その当該年度版が年度方針となるというのが自然です．こうした思考法については次の**5.5節**で触れることにします．

ここで「中長期経営計画」とは，市場や製品系列別の売上や利益などについての数値目標だけを意味しているのではなく，そのために必要な方策も含みます．それは例えば，○○市場への進出，○○領域における新製品開発・上市，○○プロセスの進化，○○知識ベースの確立というようなものです．当然のことながら，これらは適切に展開されなければなりません．展開については次項の「方針展開」で後述します．

年度方針策定へのインプットになりうるものとして，毎年の事業環境分析，前年度の実績の分析があります．事業環境は時々刻々と変化していきますので，適時適切な状況把握・分析が必要で，それが次の方針策定のための状況認識となります．実は，上述したビジョン策定，中長期経営計画策定において，当該事業分野においてもつべき組織能力を明らかにするために，事業構造の理解のために分析をしていますが，毎年，その見直しをすると考えてもよいかもしれません．

さらに，もっと具体的な分析素材として，前年度の実績の分析もあります．実際，前年も方針を定め，組織を挙げてその達成のための活動を行ってきたのですから，その過程で多くの知見が得られ，また新たな課題も認識したことでしょう．前年度の活動が必ずしも成功裏に終わっていないなら，積み残し課題として継承するかもしれませんし，別の方策を考察しなければならないかもしれません．

方針を合理的に定めようとすれば，「課題の重大さ」と「実施に必要なリソース」の考慮が必要です．この意味で総花的な方針は，この方針を念頭に努力する者にとっては，望ましいとはいえません．「あれもこれも全部やれ」といわれ，リソースが限られていたら，組織としてはまともな目標達成行動にはなりえません．

一見もっともらしいのですが，経営環境も重要課題も考慮されていない百年使えるダメ方針の典型としてよく例にされるのが，「①品質第一，②トータルコストダウン，③納期遵守100%，④人材育成，⑤職場の安全確保」という方針です．これらは一般論としていつでも重要であって，すでに日常管理で実現するようにその仕組みに埋め込まれているはずです．現在の経営環境にあって，これらのうちのどれがなぜ重要なのか，これらのうち具体的に重点を置くべき基本方針は何かを掲げなければ，的確な組織活動になりません．

方針展開

方針管理のポイントで挙げた6項目のうち，「②方針展開」に方針管理たるゆえんが現れます．トップ方針，全社方針を，ほぼそのままの形でスローガン的に唱えるのではなく，自己，自部門の役割・責任・権限を踏まえて，上位方針達成のために何をなすべきかを，組織構造に従って丹念に展開していきます．全社方針(→事業部方針，本部方針)→部方針→課方針という感じです．そして，下位の方針が達成されたとき，上位方針が達成できるものかどうか，方針策定のときに確認しておきます．

「方針管理」という経営管理の方法論を「方針展開」と理解する会社もある

くらい，「展開」は方針管理において特徴的なことでした．元祖「目標管理」では，全体目標を組織を構成する個人のレベルにまで分解・展開しますが，この管理方法がそれなりに有効であることは広く理解されていました．その目標管理の一つの弱点である「目標達成プロセス」を強化したといえる方針管理においても，目標・結果の適切な分解・展開が重要であることは変わりなく，その意味で「展開」こそが重要と受け止められていました．

ひと言で「展開」といっても，いろいろあります．大きくは以下のような4つの分解・展開があるものと考えられます．

① 目標の分解
② 目標達成手段・方法への展開
③ 担当部門への展開
④ 達成時期への展開

① 目標の分解

第一に，到達目標の分解です．例えば，全社の売上目標を，事業分野別，さらには各事業分野の製品系列や品種ごとの目標に分解することなどです．同様に，国内・海外それぞれの目標に分解することもあるでしょう．供給体制でいうなら，各工場の生産量・生産高目標とか，品質特性ごとの目標に分解することなどです．

② 目標達成手段・方法への展開

第二は，目標を達成するための手段・方法への展開です．例えば，売上向上を目標に掲げている場合，「売上向上！」と声高に叫んだところで実現するわけもなく，売上向上を実現する方策を考察し，それぞれの方策をどう実施し，目標達成にどう貢献させるかを検討します．既存顧客への関連製品の売り込み，新規顧客への既存製品の販売，新製品の開発，新市場の開拓などです．価格競争力の向上による売上向上のためにさまざまな原価低減，例えば，購入部品・材料の原価低減交渉，新規供給者の開拓，VA/VEによる設計・材料・部品・

工法の改善による原価低減，生産性向上，生産工程の安定化による原価低減を考えるかもしれません．製品品質の向上，信頼感を通してのブランド確立による売上向上という，本流中の本流ともいえる策もありえます．

手段への展開のポイントは，目的・手段関係を十分に考察したうえで，どのように実現するかを考えることにあります．PDCA の Plan の説明において，目的の明確化とともに目的達成手段を決めることが重要だと述べましたが，まさにそのことを言っています．元祖目標管理がうまく機能しなかったのは，各人に展開された目標を達成するための手段・方法についての検討が各人に任されていたことが一因です．目的達成手段・方法を案出するのはやさしいことではありません．したがって，優秀な人は優れた目的達成手段を考察して効果を挙げますが，そうでもない人は思いつきで手段を考えて，運が良くない限りは目標達成とはいきません．

思いつきの手段というものはいくらでも考えられますが，その手段で目的をどのくらい達成できるのか，技術的に成立するのか，費用はいくらかかるのか，どのくらい時間がかかるのか，どんなリスクがあるのかなどを考慮して決定しなければなりません．方針管理は，目的・手段関係を組織的に考察させる経営手法でもあるのです．

③ 担当部門への展開

第三は，担当部門への展開，すなわち分解された目標の達成を担当する部門，あるいは目標達成方策を担当する部門を決めることです．方針展開・方策展開の過程で，上位方針をどの部門が受けるかの検討にも配慮が必要です．担当が明らかに思えても，該当部門が有している技術的能力，量的能力(保有工数)を考慮する必要がありますし，また複数部門が協力して担当する場合の分担も決めなければなりません．こうして，目標を分解し，方策への展開をし，いろいろ考えて担当部門を決めます．

担当部門を決めるための調整，各部門からすれば上位方針を受ける範囲，必要なリソース(要するに，お金と人)を確保するための調整を「キャッチボール」とか「すりあわせ」と呼んでいます．不謹慎ですが，私は，「キャッチボール」と聞いてババ抜きのゲームを想像して笑ってしまいました．現実にはいろいろな駆け引きがあるようですが，そこまで調整をして決めたことですから，年度末にはほぼ目標が達成され，ここに方針管理のポイントがあるともいえます．

④　達成時期への展開

第四は，目標達成の時期に関わる展開，つまり最終的な目標に到達する前の途中段階のいつまでにどのくらい達成するかという目標レベルへの展開です．方策を講じてその効果が現れるまでのタイムラグを考慮しておかないと，まともな進捗管理になりません．このこととも関連しますし，継続的な方策を実施する場合に必要となるのが，中間目標の設定です．さらに，最終的な結果が出る前に，このままいくと達成できそうかどうかを判断して早めに手を打つことも考慮すべきです．「予測的 PDCA」とでもいうべき予測的管理が望まれます．

■展開における留意事項

「展開」における留意事項をいくつか挙げておきます．まず，下位へ展開していくだけでは展開された事項の妥当性は保証されないことに注意が必要です．分解・展開と対になる概念である「合成」という考え方も重要です．すなわち，分解・展開された下位の目標・方策が期待どおりの成果を挙げたら，果たして上位の目標が達成できるかを検討しておくべきです．「○○のためには□□が必要」と列挙しただけではダメで，「列挙した□□を実施したら○○は実現できるのか」という考察が必要です．

また，方策の実施による副次的な効果や，望ましくない副作用についても考察しておく必要があります．同様に，方策実施に必要なリソースがどれほど必要であるかの検討も必要です．風呂敷を広げたものの，その風呂敷をたたむ見通しが立たなければ計画とはいえません．

「方針管理」が「方針展開」に血道を上げるのには，組織の各部門，各階層に対し，組織の全体方針の内容，意図・思いを伝えるという意味もあります．方針管理の運営において，全社方針を知らない社員がいることは恥とされてきました．そのため社内のあちこちに方針が掲示されていたり，手帳・カードなどが配布されたりもしました．私は「ちょっとね」と疑問を感じた部類の人間です．マジメに展開していれば，一言一句間違いなく復唱はできなくても意味はわかっているはずで，そのことこそが重要です．周到な展開によって，組織としての方向性，価値観の共有を図るという効果を期待できます．

とくに展開の3つ目の「部門への展開」の過程で，すったもんだして担当することになった目標の一部や目標達成の方策のいくつかですから，後述する詳細計画の策定の過程で，なぜそれをしなければならないか，それをしないとどのような不都合が起きるかなど，組織を取り巻く状況の認識や取り組むべき課題に対する共通認識が深まり，また広まるという効果を期待できます．

管理項目

方針が展開されたら，次は，それらの方針を達成するための具体的実施計画の作成と進捗管理が必要になります．それらの活動を円滑に進めるための重要な要素が「管理項目」です．

「管理項目」については，日常管理のときにも触れました．業務分掌の理解，すなわち業務目的や実施事項の理解を深めるために業務機能展開を行い，それらの業務機能を「管理」するために，目的達成度，効率，目的達成手段の実施状況を把握する尺度が必要ということを述べました．方針管理における管理項目についても，同様の考慮が必要です．

日常管理のときの説明と重複しますが簡単に振り返っておきます．

- 管理項目として設定する管理指標によって把握しようとしている特性は，目的達成度，目的達成手段・条件の出来栄え，それに効率です．
- 目的達成度を測る指標は，日常管理における管理項目と同様に，当該プロジェクトの目的達成度合いを端的に把握できるものを設定します．例えば，飛躍の必要な事業分野の人材の能力向上を方針に挙げているなら，対象となっている人材の業務遂行能力を測る工夫をします.

- 目的達成手段・条件については，目的達成に重大な影響を与える条件のレベルや，実施事項の進捗を把握する指標を考えることになります．例えば，能力向上のための能力開発(教育・訓練など)の適切さを把握するのに，教育訓練後の理解レベル，技能レベル，あるいは対象人数，教育訓練時間などを考えます.
- 効率については，そのプロジェクトの実施に投入したリソースの量を指標にすることが考えられます．能力開発の例では，コスト，時間(付与した教育訓練量とは別の意味で，何時間・何日かけてどれだけ教えたのかを測るため)などを考えます.
- 日常管理のときと同様に，どの方策がどう効くのかという観点での，間接的効果，支援業務の効果をどう測るかは難しいですし，また最終的効果が現れる前の中間到達レベルや，最終結果につながる予兆・兆候をどう捉えるかもやさしくはありません.
- さらに，日常管理のときと同様に，適切な指標が見つからないことも多く，成功裏に終わった時とそうでない時の状況を想定し，どこに相違が現れるか，何を知ればよいか考えることもします.
- 重要なことは，やはり日常管理の管理項目と同様に，指標というものの宿命といってもよいのですが，定めた尺度だけではすべては測れないということの再認識が重要です．それを手がかりにして，管理目的が達成できているか総合的に判断する尺度，それが管理項目です.

ところで,「管理項目」という日本語は，誤解を生みやすいようです．さまざまな組織が設定した管理項目と称する項目を拝見してみると，管理すべき事項や活動，すなわち管理の目的や手段が書かれていることがあります．いっそのこと「管理指標」というか，KPI(Key Performance Indicator)といったほうがその意味が伝わるかもしれません.

■目　　標

さまざまな目標達成行動において，当然のことながら目標を設定します．管理項目の主眼が目的達成度の端的な把握にあるのなら，その指標についてなんらかの目標値を設定することになります．

ところが，妥当なレベルの目標を設定することは難しいことです．第一に考えるべきことは，その目的・目標の上位の目的のニーズ・要求のレベルです．目的・目標といいながら，それが最終的な究極の目的ということではなく，上位の何かを達成するためにその目的・目標を設定していることが多いはずで，その上位のニーズを満たすためにどれほどのレベルでなければならないかを考察し決めるということです．

同時に達成可能性も考慮しなければ現実的ではありません．方針管理の場合，かなり丁寧に方策展開をしますし，方策を実施し，期待どおりの成果を挙げたら上位の目的が達成できるかを吟味する「合成」で検証しますので，目標達成の可能性を何となく考えながら到達可能な現実的な目標を設定します．とはいえ，それが上位の目標達成にほど遠くては何の意味もありませんので，想定される目的達成手段の有効性や，必要リソース，実現可能性，現実性などを考慮して，合理的な背伸びをして，何とか達成できるレベルを考えるのが普通です．

方針管理においては，通常は1年を区切りとしたプロジェクト計画が策定されることになりますが，年度末における達成目標のみならず，中間目標や実施事項の進捗に関わる目標も設定するのが普通です．さらに，期央において適切な対応をとるためには，このまま推移したら期末にどの程度のレベルに到達できるかを測る見込み値を推定・予測し，これをもとに管理することも考えられます．このような管理の仕方を「予測的PDCA」と呼んだら，その意図は伝わるでしょうか．取り返しのつかない時期まで有効な対応策をとらず，「できませんでした」なんて澄ました顔をしないということです．

■評　　価

当然のことながら，管理項目・管理指標は評価に使われます．そのとき，いくつかの注意が必要です．まず「時間」に対する考慮が必要です．有効な策が打たれてもその効果が現れるまでにいくばくかの時間(タイムラグ)があるとか，累積で効いてくるので時間がかかるなどの場合，形式的な判断は対応を誤らせますので注意が必要です．

また，施策の効果が現れてくる因果構造が複雑なとき，何がどう効いたのか，どのような間接効果があったのかきちんと把握しないと，評価を誤り，不適切な追加対応策につながる恐れもあります．

さらに，逆風・追い風，ときには神風などの環境要因や，他の活動によるプラスの効果やマイナスの影響がありえますので，これらを正しく認識していないと，目的達成のための施策・諸活動を的確に評価できなくなるので注意が必要です．

実施計画

各部門・各階層に展開された方針・方策は，担当部門において，目標達成のための実施計画へと徹底的に展開します．いつ，誰が，何を，どのように行うか，具体的な実施計画を作成します．これが計画というものです．計画には2つの機能があり，第一は目的・目標の設定，第二は目的・目標達成手段の検討と何回も述べてきましたが，その第二の目的・目標達成手段の明確化なくして計画とはいえません．

担当部門が作成する実施計画は，必要に応じて，6W2H(When：いつ，Where：どこで，Who：誰が，Whom：誰に，What：何を，Why：なぜ何のために，How：どのように，How much：どのくらい)の細部まで決めるのが原則です．Plan(計画)における目的実現手段の検討を，そのとおり実施すれば自然に目的を達成できるぐらいまできちんと行うということです．だからこそ，方針管理をマジメに適用した組織は90%を超える達成率を実現できるのです．

実施計画の作成においては，上位方針達成にあたっての現状の問題点の把握・解析，実施項目の決定，管理項目，管理水準(目標)の設定，担当者の決定，実施スケジュールの決定を行います．手間はかかりますが，大和魂だけでコトが成るわけはなく，成功するようにするから成功するのであって，まさに段取り九分なのです．このとき，実施に必要なリソース(人的工数，財務資源，設備・機器，技術・知識など)を明らかにし，これらリソースの確保を考慮しなければなりません．もちろん，リソースの無駄遣い，湯水のごとき大量のリソース確保は避けるべきですが，無い袖は振れませんし，竹槍での戦いには無理があります．

計画(目的達成手段の指定)や設計(要求実現手段の指定)を疎かにして，くだらないことを考えていないで手足を動かせと指示する管理者を見たことがありますが，本当に情けないことです．どんなものでも初見で鮮やかに弾きこなせるほど賢いならよいですが，普通はそうではありませんし，自分一人で動くわけでないのですから，やはり少しは「組織で頭を使う」仕組みが必要だろうと思います．

■プロジェクト計画書

日本で開発された「方針管理」では，実施計画は，基本的に，目的達成のための実施事項の明確化(実施事項，スケジュール，必要リソース)，管理項目(管理指標・目標値)だけなのですが，もう少し考慮範囲を広げ，必要事項を明確にしておいたほうがよいと思います．その参考になるのは「プロジェクト管理」の知見の利用，とくに「プロジェクト計画」です．実質的には，日本でもその程度のことは考えていましたが，“形にする”という意味で，アメリカの流儀を真似るとよいと思います．

重要な方針・方策に関わる実施計画は，以下のような項目からなる「プロジェクト計画」を参考にして作成することが考えられます．

プロジェクト計画書

- **目的**：プロジェクトの目的
- **概要**：プロジェクトの意義，理由・背景，制約・境界条件など
- **アウトプット**：プロジェクト活動の結果として得られる具体的結果(新

技術，新製品，新システム，状態など）
- インプット，参照情報：プロジェクトへのインプット（もの，情報）や参照情報
- WBS（Work Breakdown Structure）：具体的実施事項
- 関連活動：関連するほかのグループとの関係，必要な活動など
- マイルストーン：スケジュール，重要な実績・時点
- 必要リソース：プロジェクト遂行に必要な人，モノ，カネ，時間，知識など
- リスク：想定しうるリスクとその対応

進捗管理

上述した実施計画に基づいて実施することになりますが，計画どおりに進むとは限りません．あらゆることを見通した周到な実施計画であれば，リスクを回避し，問題を予測的に解決しながら淡々と進めればよいのですが，一寸先は闇，何が起こるかわかりません．何か起きたときに冷静に対処しなければなりません．

そのために，実施計画において定めた管理項目（管理指標）により，日，隔日，週，月，3カ月など，あらかじめ定めた頻度で，進捗状況をチェックして，処置が必要な状況を早く知るようにします．そして何かあれば，迅速に対応します．達成時期への展開に関連して「予測的PDCA」ということを口走りましたが，進捗状況の確認の際に，「このまま行ったら年度末には……」という視点も必要です．

対応をとるべきと判断されたら，まずは，その件をどうするか決めます．ヒト・モノ・カネを注ぎ込んで遅れを取り戻すかもしれませんし，縮小・遅延計画に変更するかもしれません．

それに加え，問題を起こした原因に応じた処置をとります．技術的難しさ，仕組みの悪さのためなら，体制を立て直します．環境変化によるなら課題その

ものの意義も見直します．これらを的確に実施できるためには，未達という問題の構造を理解・分析する能力が要求されます．方針管理に原因分析力，問題解決力が必須といわれるのは，進行中のプロジェクトの的確な進捗管理のためと，次項で述べる「振り返り(反省)」のためです．

振り返り(反省)

「振り返り(反省)」にも方針管理の特徴が如実に表れます．年度末などにおいて，その年度全般を振り返り，未達原因の深い分析を行い，得られた知見，教訓を次年度以降に反映します．これを「振り返り」，「反省」などと呼んで重視します．

年度末近くになると，各部門・各階層の実施計画に展開された課題の達成状況が把握され，全体としての達成状況・問題も把握されます．そして問題の構造，さらに原因が分析されます．この段階で行われる原因分析は，すでに済んでしまった重要な教訓的な未達事象に対して行うものですから，再発防止，未然防止のヒントを得ることが目的となります．

応急対応については，基本的には「進捗管理」で実施されているはずです．年度末に行う対応としては，目標未達の課題について，とりあえずどうするか，とくに次年度どうするかを決める必要があります．課題によっては，他の重要課題との関連で取り下げてしまうこともありますが，次年度も継続したり，計画を練り直して取り組むことになるでしょう．

このような「振り返り」は期央でも実施することがあります．年度の途中における進捗確認の一つと位置づけられるのですが，その時点での未達・過達の課題，あるいは期末に達成できそうにない課題について，状況や原因の分析を通常の進捗確認よりは深く実施し，以降の実施計画の変更につなげます．

■分　析

「振り返り(反省)」の最初は，その課題に関連して設定した管理項目(管理指標)についての目標(管理水準)に対する実績の評価です．この評価では，目標と実績の差の分析を重視します．課題を分解し，どこにどの程度の差があるか，その原因・理由は何であるかについて，かなり深い分析をすることを推奨しています．

この分析において最初に行うのは，実施計画どおりに実施したか，あるいは実施できたかどうかです．ここでは，未達原因の分析において，「目標達成のための実施計画が妥当であったのか」それとも「計画どおり実施したのか」に主眼を置いていることになります．

この分析において「4 Student Model」なるものが提案されています．結果である「目標の達成 / 未達成」と，そのためのプロセス・手段である「実施における十分 / 不十分」の 2×2 の 4 つに分けて，問題の分析をしようというのです．目標未達の場合，上述したように，実施計画の稚拙さか，計画どおりに実施しなかったかを分析します．「4 Student Model」という名称は，マジメに授業に出席したかどうかと試験の成績の良し悪しで 4 つに分類することのアナロジーと，それぞれのタイプの学生の顔が浮かんでそれなりに面白いからなのでしょう．

この分析方法は，広く実施されているようですが，私はあまり感心しません．本質的には良い方法と思うのですが，その本質を理解せず形式的で浅薄な分析で済ませてしまうことが多いからです．

目標達成の場合，実施計画どおり実施していれば特段の分析はしません．実施計画どおりやらなかったのに目標達成した場合，いろいろ分析しなければならないはずですが，結果オーライということでそれほど深くは分析しません．プロセス重視や要因系への注目という，品質マネジメントが力点を置く視点が希薄になりがちです．

目標未達の場合，実施計画どおりにやっていなければ「計画どおりに実施すべきだった」と分析してそれ以上あまり深くは分析しません．実施計画どおり実施して目標未達の場合，計画が稚拙であったとして通常の「なぜなぜ分析」を行います．この分析も「4 Student Model」そのものが悪いわけではないのですが，このモデルに従って分析したことを免罪符にして，深い分析がなされることは少ないようです．

■ PDCA を賢く回す

目標と実績の差の分析においては，上述したような浅薄な分析に誘導しない方法を考えるべきです．その一つの方法は，「目標の達成／未達成」という結果に力点を置き過ぎないことです．「4 Students」のいずれのタイプに分類されたとしても「環境条件」，「目標」，「実施計画」，「実施」のそれぞれついて，深く分析するように努めることをお勧めします．

ことの成否を左右する主要因となるこの 4 つの側面について，それぞれ以下に示すような視点で，「プラス側／妥当／マイナス側」の 3 つの状況に陥る因果構造をいろいろ考えながらききちんと分析したいものです．

- **環境条件**：想定より良好／想定どおり／厳しい
  —環境に関わる状況把握の適切さ(把握情報，解釈)
  —影響分析(当該の課題に与える影響の分析)の適切さ
  —将来予測・分析(近未来の環境変化とその影響)の適切さ
- **目標**：設定目標が甘い／妥当／厳しい
  —上位目標・ニーズの考慮
  —環境分析・将来予測の適切さ
  —利用可能なリソース(工数，財務，技術・知識)
- **実施計画**：目標達成のために過大／妥当／不適切
  —目標達成に必要十分な手段の導出・検討
  —実現可能な計画かどうかの検討(リソースなど)
  —副作用・副次効果の考慮
- **実施**：実施計画より過大／実施計画どおり／不十分
  —計画遵守の価値観
  —計画遂行能力(工数，力量)
  —進捗管理の適切さ

ここに挙げた因果構造はあくまでも一つの考え方ですから，これにこだわらずに柔軟に分析することを期待します．

目標を達成していたとしても，それは，例えば，甘い目標設定や想定より良好な環境条件（神風）のおかげかもしれません．とくに事業環境の予測や目標レベルの設定に改善の余地がある場合，結果オーライで万事 OK とせずに，それなりの「振り返り」が必要です．

■原因分析

何か問題があるとなったら，その因果構造の分析をすることになりますが，本書では紙数の制約から省略します．ワンパラグラフに凝縮してしまうなら次のようになります．

技術力，マネジメント力，それとも人間力（意欲，知識，技能）の問題かを明らかにし，また問題発生メカニズム，見逃し要因構造，問題対応不備原因なども明らかにします．なぜなぜと問い詰めるより，直接原因とともに，問題となってしまう誘因，遠因，背景要因などを明らかにします．対策も金科玉条では考えません．現実的な，少しでも現状を改善できる策を考えます．直接的根本原因をつぶさなくても，問題を起きにくくしてもよいし，早めに検出して対処できるようにしてもよいし，問題が起きても大事に至らないようにしてもよいのです．

「振り返り」における分析では，「方針管理の仕組み」の脆弱さについても行うとよいでしょう．ひとたび方針に挙げたことが達成できない要因を，いま運営している方針管理の仕組みに求めるのです．

トップ診断

わが国の品質マネジメントには，方針管理との関連で，トップ診断，社長診断，部門長診断などと呼ばれる，管理状況に対する興味深い診断方法があります．方針管理に関する最後の話題として「トップ診断」を取り上げます．これは診断であって監査ではありません．専門家が行うのではなくトップ自らが（広義の）品質マネジメントの効果的運営に関するレビュー，評価，課題認識，改善勧告を行います．

組織管理の体制として，通常は職位に応じた管理情報が経営管理者層にもたらされるようになっています．しかし，きれいにまとめられた報告は，ともすると真実を見失わせます．普通，最前線の従業員からトップまで，名称はいろいろですが，第一線の従業員，主任・係長，課長，部長，執行役員，役付き取締役(常務・専務・副社長など)，社長・会長と多くの組織階層があります．これらのフィルターを経ることで，黒が白に変わる，いやそれほどでなくとも黒に見えなくなることが多いのですが，トップ診断は，経営トップ自らが現場の第一線の管理・監督者や従業員との対話を通して，経営・管理の実態を知る絶好の機会を与えます．

方針管理が海外とくにアメリカに紹介されたとき，経営者が喜んだのは，自分のやりたいことが組織を挙げた活動に通訳されていく方針管理の仕組みでした．同時に，トップ診断についても，監査(audit)でなく診断(diagnosis)という用語に新鮮さを覚え，またそれが自ら現場の実態をもとに具体的事項について調査・指示をする機会であることに，日本的な経営管理の特徴の一端を見る思いもあって強い関心を示しました．

■トップ診断の始まり

日本の品質管理の発展過程において，トップ診断がいつどのように始められたかについて，興味深い逸話があります．それは小松製作所(現コマツ)存亡の危機に関連しています．昭和30年代終わり，貿易自由化，資本自由化など日本の開放経済体制への移行の過程で，建設機械は言ってみれば生贄としてこの厳しい政策の適用領域となりました．小松は当時国内ブルドーザー市場の6割のシェアを確保していましたが，アメリカの巨大建設機械会社キャタピラーが，日本に参入してくることになりました．キャタピラー三菱(当時)です．小松はつぶれると，当時の誰もが思っていました．

この危機を乗り切るため，小松はTQC(総合的品質管理，全社的品質管理)を導入します．キャタピラーのブルドーザーをばらばらにして徹底研究し，基本的には真似をして，自社製品の品質・信頼性の画期的向上を図りました．これを「マルＡ作戦」と呼び，最優先活動と位置づけ死にもの狂いで頑張りました．その結果，国内シェア６割を死守し，1964年にデミング賞を受賞しました．

この品質管理推進を指導したのが，日本の近代的品質管理の父ともいえる石川馨先生です．私が引き継いだ講座の先々代の教授です．初代経団連会長・石川一郎氏の長男，鹿島の石川六郎元社長・会長の長兄です．石川先生が関わりをもったのは，当時の小松の社長・河合良成氏の長男で，後に社長・会長になる河合良一氏が石川先生と東京高校(現・東大教養学部)の同窓だったからです．河合良一氏は品質担当の部長でした．石川先生は指導を引き受けるにあたり，同窓である河合良一氏に，自分が工場を訪問して組織的品質改善に取り組むすべての場面に同席するようにという条件をつけたそうです．河合良一氏は，この経験を通じて，品質管理という横串的部門の責任者として全社の現実をつぶさに見て，泥臭い実態の観察・考察から得られる知見がいかに重要かを理解し，自分がトップになった後もこの活動を続けるのです．

小松はまた，当時，「旗管理」という方針管理の萌芽的手法を編み出しましたが，それもあって，わが国の品質管理において，トップ診断が，方針管理に関わる方法論と位置づけられ，発展していくのです．

方針管理の発展とともに，トップ診断についても，各社で独自の工夫がなされます．こうしなければトップ診断とはいえないというような規則があるわけではありませんので，有効と思う方法で自由に行えばよいと思いますが，基本として，

- トップ層自らが行う(自らが理解し，自らの意思決定に活かす)
- 現場第一線の実態の把握に努める(タテマエでなくホンネの把握，伝聞でなく自らの見聞に基づく見識と意思決定)
- 共同研究・奨励の場と認識する(粗探し・叱正の場ではなく，課題の共有・解決への誘導・指示・支援の機会)

は守ったほうがよさそうです．

■トップ診断の内容

トップ診断の内容は，目的に応じて多様ですが，大きくは以下の３つに整理できます．

- 方針管理で掲げられた方針，課題の達成に向けての進捗のレビュー
- QCD(品質，コスト，納期・量)などの経営要素についての重要課題の総合的レビュー
- 各部門の日常管理の実態の診断

第一の「方針管理の進捗レビュー」は，すでに見てきたように，方針管理の仕組みそのものに組み込まれていますので，改めてトップ自らが行う必要はないともいえます．しかし，トップの方針が目標・方策に展開され，さらに実施事項計画に詳細化され，進捗していく状況を，そもそもの方針達成の視点やトップの思いの実現の点から，妥当であるかどうかを確認することに意味があると考え，特定の方針について取り上げることがあります．

この確認を，総花的に行う，もしくは管理項目(管理指標)による把握を基礎に行うのではなく，事例・ケースを取り上げて具体的に検討した経緯の中間報告に基づいて行うのが普通です．いわゆる管理屋さんに言わせると，少数の事例など見てもダメで，総合的な指標で判断すべきだと軽蔑されるのですが，そんなことはありません．個々の事例・ケースの研究から意外な事実がわかります．ことの経緯，因果メカニズムが普遍的なものかどうか判断する能力があれば，まとめられた数値を見るだけよりも管理対象の実態について遙かに適切な判断ができます．

また進捗が思わしくない背景の理解，環境の変化に応じた対応の必要性の認識など，トップ自らが直接ヒアリングして迅速に手を打つことが重要な場合には，有意義な機会になります．度胸のある図々しい課長クラスは，この機会に，多少のお叱りは覚悟のうえで，緊急に実施しなければいけないことをトップに認識してもらい，対応に必要な要員と資金をちゃっかりいただこうと虎視眈々とねらっています．

第二の「重要経営課題の総合レビュー」もまた，経営要素管理(機能別管理)

の枠組みのなかで，特定されている課題について対応の進捗管理はなされるようになっていますので，とくに設定する必要はないように思えます．しかし，ここでも具体的事例を取り上げて検討する，トップ自らがその検討に加わるということで，大きな効果が期待できます．

経営管理の仕組みがまともなら，その年度あるいは2～3年を見越した経営課題は明らかにされています．そしてそれらが展開され，各部門，委員会，プロジェクトチーム，タスクフォースなどによって，課題解決，課題達成に向けて改善・改革活動が進められていることでしょう．これをトップ陪席の下で，具体的な事例・ケースを題材にして，課題の認識は正しいか，方策は技術的・経済的に見て妥当か，活動の阻害要因は何か，テコ入れの必要はあるかなどについて検討し，明らかにされた課題を敷衍（ふえん）して，広く対策を講じます．個々の事例で深く理解し，その知見を広く適用するのです．

日常管理の実態の診断

第三の「各部門の日常管理の実態の診断」こそが，本来のトップ診断だという方もいます．その典型的な方法は，課・グループ程度のあまり大きくない業務範囲を取り上げ，日常管理の実態をトップ自らが「診断」するというものです．

表5.2に，質問と調査項目の例を挙げておきます．表中の(→)は，診断者が確認することです．

トップによる「各部門の日常管理の実態の診断」における質問の例をご覧になって，日常管理の進め方のPDCAに沿った説明そのままではないかと思われたことでしょう．そのとおりです．日常業務の進め方が原則どおりにできているかどうか，管理の仕組みやツールなどを最近の業務実施例でトレースしているのです．

実は，この診断の方法としてちょっとひねったやり方もあります．PDCAのCから始めるのです．業務目的の達成度合い測る管理項目の最近の水準を確認し，不十分な面や基準に達していない例を見つけて，その原因を明らかに

表 5.2 日常管理の実態の診断例[13)]

■あなたの仕事は何ですか？
- あなたの仕事の目的は何ですか？
- 顧客(あなたの仕事の結果・成果の利用者)の期待・要求は何ですか？
- 仕事の目的にはどのようなものがありますか(展開・分解)？

 →業務目的を正確に理解しているか

■その仕事の出来栄えをどのように判断していますか？
- 管理項目は何ですか？

 →適切な管理指標を設定しているか
- 目標はどの程度ですか？

 →根拠ある適切なレベルの目標を設定しているか

■仕事の目的を達成するための手段・手順はありますか？
- それはどのようなものですか？

 →業務フロー，マニュアル(規程，標準書，要領など)，帳票は整備されているか

 →それらの内容は適切か
- それらの前提要件は満たされていますか？

 →従事者の資格，教育・訓練は適切か

 →適切な部品・材料，副材が使用されているか

 →設備・計測器の保守などを適切に実施しているか

 → IT インフラは十分か
- それらの方法が「良い」ということをどのように保証していますか？

 →目的達成手段の必要十分性を理解し，確保しているか
- 例を挙げて，それらの手段・手順に従って実施した内容を説明してください.

 →ルールどおり実施しているか

表 5.2 つづき

→手段・手順の根拠を理解しているか
→必要な記録が残されているか

■実施結果を管理項目(管理指標)で把握していますか？
→管理グラフなどを確認し，パフォーマンスのレベルを判断
• (とくに問題がなければ)何か改善の余地はありますか？
→副次効果・副作用について考慮しているか．問題意識・改善意欲はどうか
• (管理水準外事例のいくつかについて)これらの異常について状況を聞かせてください．
→問題の発生・見逃しの特徴・クセを理解しているか

■管理水準外の事例について聞かせてください
• どのような応急処置をとりましたか？
→迅速・正確・誠実に対応しているか
→異常現象除去は適切か．影響拡大防止は適切か
• 問題の原因は何ですか？
→発生原因，見逃し原因を追究しているか
→計画(管理項目，目標，手順)に問題があるのか，実施に問題があるのか
→因果構造分析は適切か
• どのような再発防止策を講じましたか？
→技術，マネジメントに関わる問題発生原因を合理的に除去・回避しているか

■慢性的問題について改善活動を計画的に推進していますか？
→重要項目について管理状況を把握し，慢性的問題に適切に取り組んでいるか

していく方法です．下手をすると責めることになってしまいますのでなかなか難しい方法ではあります．過去の不満足な状態，過去の失敗をいまさら悔やんでも仕方ないことであって，その経験から日常管理の仕組みを改善するための教訓，ヒントをどう獲得し，現実にレベルアップしてきているかを探っていくのです．美しい言葉を使うなら，マネジメント力のレベルアップの実態を診断している，となります．

こうした診断を正しくできるようになるためには，トップの方々に少し勉強していただかなくてはなりません．結果がすべてではなく，満足な結果を得る可能性を高めるために仕組みを改善することの意味をわかっていただきます．過去の事実を明らかにしますが，それは誰をどのくらい厳しく罰するかを決めるための犯罪捜査ではなく，経験から学ぶべき事項を抽出するためであることを理解していただきます．ともするとせっかちに結果を求めがちなトップ層の悪い癖を直していただきます．「誰がやった」は禁句です．人が悪いのではありません．その人のやり方がまずいのです．そのやり方のまずさを明らかにして，仕組みに反映するようにしていただきます．

■トップ診断の意義

こうしたことを理解した上でトップ自らが行う現場診断は，役員会などで報告される総括的な業務パフォーマンスのレビューなどでは窺い知れない現場の実態や，組織の体質，文化，風土の真の姿を実感できる貴重な機会でもあります．

組織活動の大半を占める日常管理の実態をトップ自らが肌で感じる機会というものはそれほど多くありません．ともすると実態とかけ離れた認識をもち，ときに誤った経営判断をする遠因となります．逆説的ですが，日常管理の仕組みが良くできていればいるほど，社長室・役員室に居ながらにして日常の活動状況を把握できるようになり，すべてを把握した気分になってしまいます．これが危険なのです．些細に見えるボヤが発生するに至るメカニズムの全貌を自ら知り，それを一般化して適切な手を打つ機会をもつべきです．だから，小松製作所の河合良一氏は社長になってもこの診断を止めようとはしませんでした.
昨今の不祥事を見るに，トップの行動基準，価値観に疑問符がつく場合もありますが，立派なトップなのに，その価値観が中間管理層に伝わっておらず，限られた部門ではあっても組織ぐるみと糾弾されても仕方のないケースがあり，普段からこのような診断を行っていればよかったのに，と思わずにはいられません.
トップ診断の特徴は，①トップ自らの組織の各階層に対する事例に基づく診断と，②理論・建て前より実施結果とそのプロセスの重視，という２つに集約できるでしょう．多くのフィルターを経てきれいにまとめた報告より，１件の業務実施例の診断から得られる情報に価値があることが多いため，トップはこの機会に組織の本質的な弱点をつかむことができます．また，組織全体の目的との関連で定期的に自分の仕事を原点に返って見直すことにより，達成すべき課題や問題の構造が明らかになり，中間管理職の実力の向上が期待できます.
さらに，直接対話することによるトップと中間管理職の距離が縮まるという効果にも大きなものがあります.

プロジェクト型日常管理

方針管理の話題の最後に日常管理との区分けについて触れておきます．方針管理と日常管理の間に，いわゆるグレーゾーンがあるがどう対応するかという課題です．業務分掌・業務機能が定められていて，各業務の目的を達成するための方法論やプロセスが確立していて，標準化されていて，それに従って実施していけばよいというのが日常管理の基本です．一方で，環境変化に応じて対応していかなければならない「環境変化対応型全社一丸管理」が方針管理といえます．方針管理では，定めた方針に対して，その目的を達成するための計画，方法論，手段を考えることになります.
ところが，新製品の開発をするとか，特定の重要顧客との取引を開始したいとか，長期リードタイム調達において不測の事態が起こる可能性があるときに巧みに対応したいというような，一般的な業務プロセスが存在するものの，個々の課題の特徴に応じて達成計画を立てなければならないような日常業務があり，これがグレーゾーンにある業務課題になると考えられます．

目的・目標達成という視点での日常管理と方針管理の本質的な相違は，目的・目標達成のための方法・手段が確立しているかどうか，すなわち目標達成のための計画を立案する必要があるかどうかにあると考えられます．

ルーチン業務ではありますが確立している標準的手順では不十分で，その業務を遂行するための固有の「年度業務計画」を策定する必要がある日常業務が多数あるはずです．例えば，開発部門にとって開発は日常業務ですし，標準的なプロセスも確立しているでしょう．しかし，開発テーマに応じてその標準プロセスの具体化・詳細化・カスタマイズが必要になります．私はこのような日常業務を「プロジェクト型日常管理」と呼んで，すでに確立している業務標準に従えばこなせる業務とは区別して，日常業務ではあっても業務計画を作成するような管理が必要と考えています．

こうした業務課題を方針管理の枠組みの対象にしてしまうと，それに埋もれてしまって，本来は経営体質の改善・改革の取り組まねばならないようなテーマが軽視されてしまうという副作用が起こりえます．したがって，区別するということではなく，実施すべきことを着実に実施していくためにグレーゾーンがあると認識することは大切だと考えています．日常管理の仕組みのなかに，詳細な実行計画の策定機能が不十分であるなら，方針管理の枠組みを利用してプロジェクトとして運営していくような工夫があればと思います．本節で触れた「プロジェクト計画」の作成を伴う日常業務があってしかるべきということです．

5.5　持続的成功のためのマネジメントシステムモデル

いま求められる経営

5.4 節で考察した方針管理については全社年度方針の達成のための諸活動に絞って説明しましたが，その年度方針の適切性の根拠となる上位の経営目標・戦略をどう定めるかがより重要といえます．これら経営目標・戦略を考察するとともに，それを達成するための諸活動を実施していけるようなマネジメントシステムについて考えてみます．

日本は1980年代半ばに，経済高度成長期から成熟経済社会に移行したと判断できます．実際，1960年初頭から順調に伸びてきた日本のGDPはこのころ約500兆円になり，その後も多少の変動はありましたがほぼ同じ額を保っています．成熟経済社会というと安定した経済社会のような印象を受けますが，むしろ逆です．量的にはあまり変化しませんが，質的には変化の激しい時代となっています．変化の時代の経営に求められること，それは事業を持続的に成功させていくことです．どのような事業環境にあっても事業を成功させること，これを「持続的成功」と呼ぶことにします．

この世のどのような組織も，社会的に意味のある価値を提供するために設立され，運営されるものと考えたいです．そのような組織には，製品・サービスを通した価値提供における存在意義が認められている証左としての「持続的成功」が望まれます．ここで「成功」とは，価値提供において顧客やその他の利害関係者に受け入れられることを，また「持続的」とは，事業環境の変化に対応し続けていることを意味します．

組織の持続的成功のためには，以下のようなことを考慮する必要があります．

- 顧客価値提供に焦点を当てた事業運営
- 事業環境の変化への的確な対応
- もつべき能力の埋め込まれたマネジメントシステムの設計・構築・運用

顧客価値提供マネジメント

「持続的成功」とは，上述したように，製品・サービスを通した価値提供において，顧客やその他のステークホルダーに持続的に認められるという意味です．持続的な高収益そのものでありません．もちろん，顧客に受け入れられるという意味での持続的成功によって，持続的な高収益が実現できるでしょう．しかし，高収益そのものは成功を意味せず，成功の結果として高収益になると考えたいのです．

このように，経営の目的は，「製品・サービスを通して顧客に価値を提供し，その対価から得られる利益を原資として，この価値提供の再生産サイクルを回すことにある」と考えることができます．製品・サービスを通して提供される価値に対する顧客の評価を維持し向上することに焦点を当てたマネジメント，すなわち「品質のためのマネジメント」あるいは「顧客価値提供マネジメント」を品質経営と呼ぶことにするなら，品質経営は経営の広い範囲をカバーするツールとなります．

品質のためのマネジメントの必要性・重要性は次のように説明できます．組織は顧客に価値を提供するために設立・運営されます．その価値は，製品・サービスを通して顧客に提供されます．その製品・サービスの品質を確かなものにするためには，それら製品・サービスを生み出すシステムに焦点を当てることが有用です．それが品質のためのマネジメントシステムです．このシステムは，目的に照らして，必然的に，総合的・包括的なものとなり，結果的に組織のブランド価値向上，さらには業績向上につながります．経営における品質の意味・意義を**図 5.3** に示しておきます．

顧客価値提供における重要概念

図 5.3 に示した意味での品質経営，すなわち顧客価値提供マネジメントにおいて成功するためには以下の要件が必要です．

① **事業構造**：価値提供における事業環境，事業構造を明らかにする．

② **価値**：製品・サービスを通して顧客に提供すべき価値を明らかにする．

③ **能力**：組織に内在する，価値提供のために使える能力・特徴を明らかにし，提供価値に対する顧客の評価に関わる競争優位の視点から，もつべき能力・活かすべき特徴の全体像(組織能力像)を明らかにする．

④ **システム化**：明確にした組織能力像を，品質マネジメントシステムに実装する．

⑤ **変化**：事業環境の変化に応じて，適時適切に対応する．

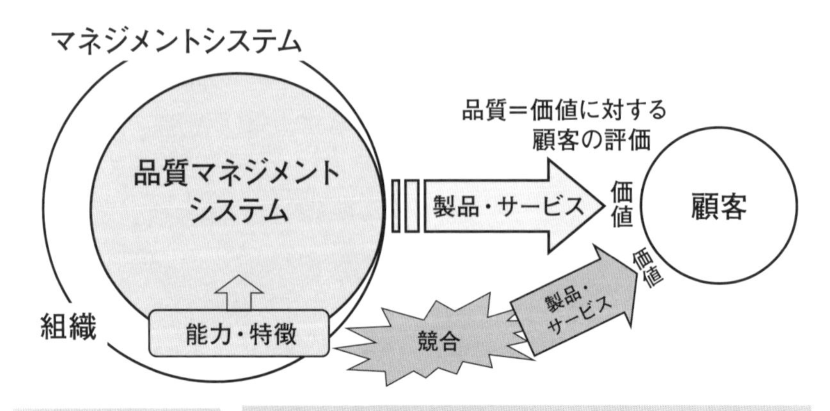

経営
Management

組織設立の目的：製品・サービスを通した顧客価値提供
品質：提供価値に対する顧客の評価
経営の目的：品質の良い製品・サービスの提供
利益：顧客価値提供の再生産サイクルの原資
　　　品質経営の良さの総合指標

図 5.3　経営における品質の意義

①　事業構造

第一の「事業構造」とは，事業を取り巻く環境全般のうち，価値提供に関わる状況・環境とそれらの関係を意味します．その一つは，価値提供連鎖に関わる関係者で，パートナーやサプライチェーンの様相，例えばサプライチェーンそのもの，協力・共同，商流・商権，管轄権などです．ほかには，競争に関わる関係者，すなわち競合の存在や競合者による価値提供の様相もあります．さらには，社会・経済の状況，制度など，価値提供に影響を与える事業環境もまた事業構造の一つの側面です．

②　価　　値

第二の「価値」に関して重要なこと，それは，顧客に提供しているものは製品・サービスそのものではなく，それに付随する価値であるということです．その意味では，製品・サービスは，価値を提供するための手段，あるいは価値の媒体ともいえます．そして，品質経営の目的である「品質」とは，提供しえた価値に対する顧客の評価と受け止めるべきであり，そう理解したときに，品質経営の概念と方法論を拡大・深化し，現代の経営に相応しい形に進化させることができます．

「価値」について考えるとき，品質に関して考察したように，製品・サービスの受取手である顧客の認識について考慮しなければなりません．製品・サービスには内在する固有の価値を考えることができるかもしれませんが，ここでは顧客に認知され評価されて初めて「価値」としての意味をもつという立場をとることにします．提供側が意図した価値を「製品価値」，顧客が認知して評価した価値を「顧客価値」と呼ぶなら，ここで考察したい価値は「顧客価値」ということになります．

③　能　力

第三の「能力」とは，広くは価値提供を具現化できる力という意味です．しかし，ここで関心があるのは，競争環境において優位に立つために必要な能力，すなわち競争優位要因です．能力について考察するときには「特徴」に関する認識が必要になります．なぜなら，競争優位要因を明らかにするとき考慮すべきことがあるからです．その事業領域の特徴，すなわち顧客・市場，基盤技術，製品・サービス，ビジネスモデルなどの特徴から，優位であるためにもつべき能力を導き出したとしても，自分自身がその能力をもてるかどうかわかりません．事業成功へのシナリオも，勝負一般における勝ち方も一様ではありません．いろいろな成功の仕方，勝ち方があります．どのシナリオで行くかは自分自身の特徴を理解していなければ的確には定められません．そこで，自身の特徴を自覚し，これを競争優位のための能力に使えないだろうかと考察することが必要で，その意味で「特徴」という概念を持ち出しています．

能力との対比で「特徴」というとき，能力が競争優位の源泉となる力を意味しているのに対し，特徴とは中立的な意味での属性・性質をイメージしています．例えば，長身は特徴であり，それがバスケットボールなどの競技においては重要な競争優位要因になりえます．また，事業所の立地は特徴の一つでしょうが，ビジネスの形態によってはそれを競争優位要因にできます．こうしたことを「特徴の能力化」と呼ぶことにします．こうした峻別をする必要のない「特徴」もありますので，文脈によっては「特徴・能力」と表現してもよいかもしれません．

さて，こうして明らかになる，競争優位の観点からもつべき能力，あるいは特徴・能力の全体像を，ここでは「組織能力像」と呼ぶことします．いわゆる組織像，組織プロフィールではありません．資本金，売上，利益，従業員数，製品，シェアなど，組織の概要を説明するものではなく，自組織が競争優位要因にしようとした能力の全体像です．

④ システム化

第四の「システム化」において重視したいことは，明らかにされた組織能力像を，現実にマネジメントシステムに実装することです．「能力」というような実体の把握しにくいものにしておかないで，その能力を日常的に発揮できるように業務システムに埋め込むことが重要です．「思いを形に」といってもよいでしょう．マネジメントシステムを構成するどのプロセス，リソースのどの側面が，もつべき能力を具現化するものであるか分析して，それらのプロセス，リソースに反映できるように設計し，体系的に運用できるようにしたいものです．これこそが，「持続的成功のための品質マネジメントシステム設計・構築・運営」です．

⑤ 変　化

第五の「変化」において重要なことは，成熟経済社会の特徴が量的変化は小さいが質的変化が大きく速いことに対応して，事業環境の変化に応じて自組織を改善・革新していくことです．そのためには，事業環境の変化の様相とその意味を理解し，自組織の特徴を考慮しつつ，変化した事業環境において自組織がもつべき能力を認識し，もつべき能力を具現化するために自己を革新することが必要です．

■競争優位のための品質マネジメントシステム

図 5.4 に，「②価値」，「③能力」，「④システム化」に関わる概念の関係を示しておきます．

ここで，上記の説明に加えてとなると冗長になるのですが，事業とは持続的顧客価値提供であるということを説明する図を**図 5.5** に示しておきます．

組織は，供給者・パートナーともに，競争環境において，製品・サービスを通して顧客に「価値」を提供します．組織が製品・サービスに内在させていると考えている価値を「製品価値」，顧客が認知した価値を「顧客価値」と呼ぶことにします．この 2 つの価値を一致させるようにしなければなりません．

顧客は一様ではありません．いろいろなタイプがあります．市場にはセグメントがあるかもしれません．顧客がサプライチェーンを形成している場合もあります．そのとき，直接の顧客の製品やビジネスプロセスを通じて，顧客の顧客，そのまた顧客に対して，どのような価値を提供できるようにしなければな

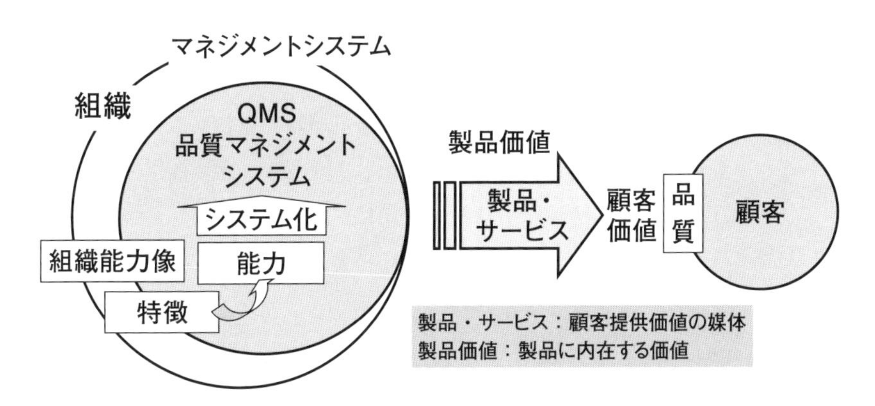

図 5.4　顧客価値提供に関わる重要概念

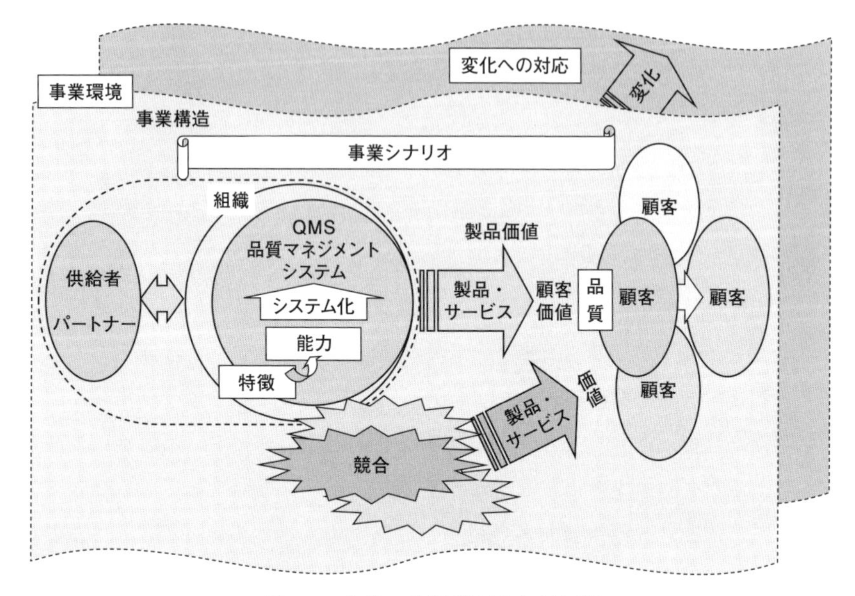

図 5.5　事業＝持続的顧客価値提供

らないかを考察しなければなりません．

競合も同様の事業を展開しています．この競争環境で成功するためには，どのような事業環境・事業構造にあって，どのようなシナリオで優位に立つか考察しなければなりません．自らの特徴を生かし，成功のために，競争優位のためのどのような能力が必要となるか明確にします．

そしてこれを実体化，日常化するために，品質マネジメントシステム（QMS）に実装します．こうして構築されるのが，事業成功のための QMS，競争優位のための QMS です．

この QMS はいつまでも有効というわけにはいきません．事業環境・事業構造が変化するからです．変化を先読みし，変化に応じて，提供すべき価値，有すべき能力を見直し，その能力を QMS に実装し直すということを続けていかなければなりません．

手段としてのマネジメントシステム

マネジメントシステムの構築・運用において理解しておくべきことは「マネジメントシステムは手段である」ということです．私たちが「システム」という用語を使うとき，それは検討・考察の対象にしている系が少なからぬ構成要素から成り立っていて，系全体として何らかの目的を考えることができるときです．マネジメントシステムについても同様です．

マネジメントシステムの目的を明確にするにあたり，「顧客満足」というような，具体的な目的に結びつきそうにない漠然とした美辞麗句を唱えるだけとか，根拠もなくスローガンだけを語るのではなく，「事業構造」を理解したうえで，誰にどのような「価値」を提供すべきかを明らかにする必要があります．そして，その目的を達成するために，「能力」という概念を介して，マネジメントシステムという手段がどのような「能力」を発揮できるようなものでなければならないかを考察するのが自然な論理です．

さらに，事業環境は変化し，それに伴い事業構造も変化しますので，変化した状況においても相応しいマネジメントシステムに改革・改善していかなければなりません．そのような能力，すなわち変化を察知しその意味がわかり，変化した暁にどのような組織でなければならないかを理解し，現実にそのような組織に変化していくことができる能力を，マネジメントシステムの一つの要素として保有していなければなりません．

ここで考えている「手段としてのマネジメントシステム」という意味は，

マネジメントシステム　⇒　能力発揮　⇒　価値提供

という図式でマネジメントシステムを理解し，組織目的達成のために品質マネジメントシステムを構築し運用するということです．

ここに「環境変化」という側面を加味するのであれば，

事業構造の変化に適応するマネジメントシステムの改善・革新
⇒事業構造に適応する能力の持続的保有
⇒事業構造の変化に応じた価値提供による持続的成功

ということになります．

持続的成功のための品質マネジメントシステムモデル

このような思想に基づく包括的な品質マネジメントシステム（QMS）の一つのモデルがJIS Q 9005：2023です．

JIS Q 9005のQMSモデルの底流には，品質経営とは顧客価値提供のための総合的マネジメントであり，QMSの設計・構築においては，価値提供の視点で事業を洞察し，戦略的でありたいという基本思想があります．またQMS運営においては，既存のモデルに迎合するより，自ら環境を認識し，自らの価値基準をもち，自らリスクをとり計画するような，自律的・自治的な行動原理を推奨しています．わが国が成熟経済社会期に移行して40年近くになりますが，JIS Q 9005は，この変化の時代の事業運営に相応しい品質経営モデルを提示しているといってよいでしょう．

JIS Q 9005が提示するQMSモデルの全体像を**図5.6**に掲げます．JIS Q 9005の箇条4.4には，この図と同じ内容のより詳細な図が示されています．

この全体像は，QMSを取り巻く外部環境のもとQMSへのインプットを受け，組織のQMSを運営し，QMSの目的を達成し期待されるアウトカムを実現するという，

　　インプット　⇒　QMS　⇒　アウトカム

という基本的な枠組みで記述されています．

「外部環境・インプット」は，顧客および社会のニーズ・期待，さらにその他の利害関係者のニーズ・期待を含む事業環境から構成されます．これらの外部環境・インプットは，どのような顧客価値を提供すべきかを考察する基本となるものであり，また組織が競争優位を発揮する場でもあります．「QMSの目的・アウトカム」は，直接的には，顧客および社会に提供される価値であり，さらにその提供価値に加え，価値提供に関わるさまざまな活動がもたらす組織の存在意義の確立です．「組織のQMS」は，事業環境のもと，製品・サービスを通した顧客価値および社会的価値の提供に関わる諸活動，それらの顧客・利害関係者のニーズ・期待への適合に必要な諸活動とそれらの活動を可能にする諸要素・側面の総体です．

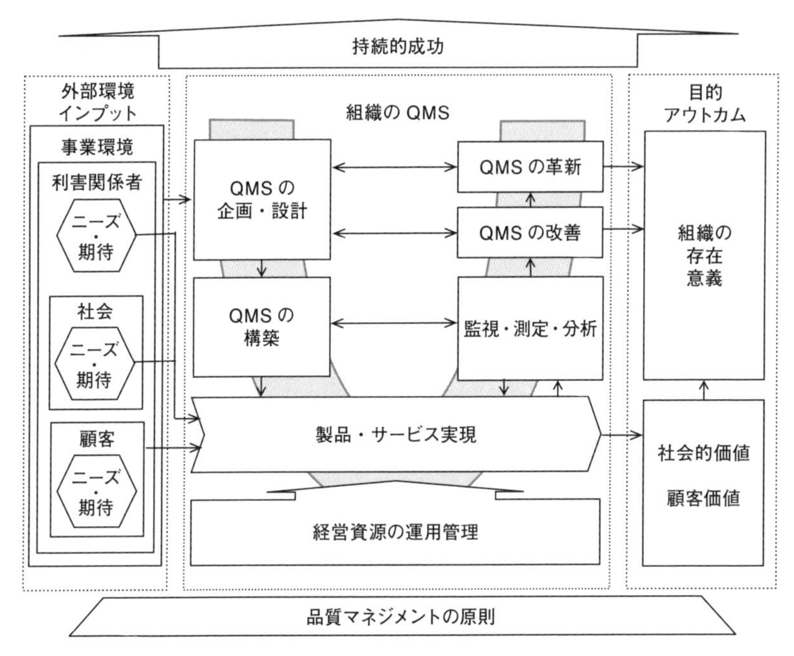

出典）　金子雅明・飯塚悦功・山田秀 編著，丸山昇・村川賢司・平林良人 著：『JIS Q 9005：2023 解説と活用ガイド―経営・事業の持続的成功を実現する品質マネジメントシステム』，日本規格協会，2023 年，p.69，図 4.1.

図 5.6　JIS Q 9005 の QMS モデルの全体像

「QMS の企画・設計」，「QMS の構築」は，QMS の目的を達成できるように QMS を企画・設計し，構築し，運用し，必要に応じて再構築する機能に関わる要素からなります．QMS の企画・設計，QMS の構築で実装された「製品・サービス実現」プロセスを運用することによって，顧客への価値提供が行われることになります．製品・サービスの実現にあたっては，価値提供に資される経営資源を含め，QMS を運用するための経営資源が必要となりますが，これらは「経営資源の運用管理」によって支えられます．

「監視・測定・分析」は 3 つのフィードバックループの起点となります．第一のループは，製品・サービスの改善，プロセスの改善のためのフィードバックです．製品・サービスに関連するものは製品・サービス実現のなかの「製品・サービスの企画」，さらには「QMSの構築・運用」にフィードバックされ，より魅力的な新製品・サービスの開発に活かされます．プロセスに関連するものは，「QMSの構築」にフィードバックされ，プロセスの修正あるいは手順変更などに具体化されます．第二のループは，「QMSの改善」にインプットされた後，内部監査および有効性レビューの結果として，「QMSの構築」，「QMSの企画・設計」にフィードバックされ，QMSの有効性改善のきっかけとなります．第三のループは，「QMSの改善」にとどまらず，さらなる革新が必要となる場合，「QMSの革新」の自己評価および戦略的レビューの結果が「QMSの企画・設計」にフィードバックされ，事業環境変化への対応，組織能力の見直し・発展などを伴うQMS再設計のきっかけとなります．

注　記

本書の記述の源泉は，戦後日本の経済的発展を支えてきたわが国の品質管理の実践的知見です．私は，1970 年代半ば以降に，狩野紀昭先生（東京理科大学名誉教授）の講義・講演，テキスト，企業指導の現場での教えから，これらの知見を学びました．ここにご指導に対し御礼申し上げるとともに，そうした知見に関わる狩野先生独自の見解・説明を注記として示します．

1）　p.10 「Total の意味」

TQC の“Total”に含まれる 3 つの意味について，1970 年代半ばに教えていただきました．

2）　p.24 「社会的品質」

1970 年代半ばに，日本における品質管理の進展に関する講義のなかで，この用語を初めて教えていただきました．

3）　p.25 「後工程はお客様」

1970 年代半ばに，「後工程はお客様」という表現とその意味について教えていただきました．

4）　p.27 「内部顧客とプロセスオーナー」

前項に関連して，アメリカで生まれたこの 2 つの重要な概念について教えていただきました．

5）　p.44 「品質管理のドーナツ化現象」

品質保証の発展の講義のなかで，「品質管理のドーナツ化現象」が 1960 年代初めのころにあったとのことを教わりました．

6）　p.50 「品質を保証するとは」

同じころ，品質保証とは何かについて，品質保証活動の構造，内容として教えていただきました．

7）　p.61 「管理＝目的達成活動」

やはり 1970 年代半ばに，「管理」の意味に関する講義のなかで，同じ読みで「監理」という表現もあること，また「管理」の重要概念が目的達成にあることを，「クダカン」（管理）と「サラカン」（監理）の相違を語源的に説明することを通じて教えていただきました．

8）　p.74 「PDCA で最も重要なのは？」

品質管理セミナーの講師会だったか，学会の講演会だったか，いずれにしろ品質管理の指導的立場にいる人々に対する講演のなかでの狩野先生からの問いかけでした．ちなみに，私は計画が最重要と答えてしまいました．

9）　p.75 「応急処置と再発防止のどちらが重要か？」

前項と同じ場での参加者に対する質問でした．私自身は，ずっと以前に，応急処置のほうが重要と教えていただいていました．

10）　p.135 「経営における 3 つの管理」，「方針管理」

1980 年代に狩野先生が主宰していた研究会において，経営における 3 つの管理，方針管理の意味・意義・位置づけについて教えていただきました．

11）　p.136 「図 5.1　経営における 3 つの管理」

狩野先生による図 5.1 の元の図は，日常管理，機能別管理の装備された船が，変化に対応してしかるべき方向に進むというような図でした．

12）　p.138 「表 5.1　日常管理における PDCA」

前項と同じ研究会の場で教えていただきました．

13）　p.183 「表 5.2　日常管理の実態の診断例」

前項と同じ研究会において先生から教えられた内容をもとに加筆しています．

索　引

[英数字]

[あ　行]

[か　行]

[さ　行]

[た　行]

[な　行]

[は　行]

[ま 行]

[や　行]

[ら　行]

著者紹介

飯塚 悦功（いいづか よしのり）

東京大学名誉教授

公益財団法人日本適合性認定協会　理事長

1947年東京生まれ．1970年東京大学工学部卒業．1997年東京大学教授．2013年東京大学退職．2016年日本適合性認定協会(JAB)理事長．日本品質管理学会元会長，デミング賞審査委員会元委員長，日本経営品質賞委員会委員，ISO/TC 176国内委員会元委員長．

2006年デミング賞本賞．2012年工業標準化内閣総理大臣表彰．品質論，現代品質経営，次世代TQM等の研究を通じ，品質マネジメント，TQM，ISO 9000など，日本の品質管理界を牽引してきた．

マネジメントシステムに魂（たましい）を入れる

2023年10月29日　第1刷発行

編　者　公益財団法人
　　　　日本適合性認定協会
著　者　飯塚　悦功
発行人　戸羽　節文

発行所　株式会社 日科技連出版社
〒151-0051　東京都渋谷区千駄ケ谷5-15-5
　　　　　　DSビル
　　　　　　電　話　出版　03-5379-1244
　　　　　　　　　　営業　03-5379-1238

検　印
省　略

Printed in Japan　　印刷・製本　壮光舎印刷

ISBN 978-4-8171-9787-0
URL https://www.juse-p.co.jp/